Gaosu Tielu Jiyu Wuzha Guidao Ruantu Luji Dongli
Texing ji Chenjiang Zonghe Kongzhi Guanjian Jishu

高速铁路基于无砟轨道软土路基动力特性及沉降综合控制关键技术

高军 著

中国地质大学出版社
ZHONGGUO DIZHI DAXUE CHUBANSHE

图书在版编目(CIP)数据

高速铁路基于无砟轨道软土路基动力特性及沉降综合控制关键技术/高军著.—武汉：中国地质大学出版社,2017.11

ISBN 978-7-5625-4138-7

Ⅰ.①高…

Ⅱ.①高…

Ⅲ.①高速铁路-无砟轨道-软土-铁路路基动力特性②高速铁路-无砟轨道-软土-铁路路基-路基沉降

Ⅳ.①213.1

中国版本图书馆 CIP 数据核字(2017)第 272529 号

高速铁路基于无砟轨道软土路基动力特性及沉降综合控制关键技术				高 军 著
责任编辑：段连秀　彭钰会		策划编辑：段连秀		责任校对：张咏梅
出版发行：中国地质大学出版社(武汉市洪山区鲁磨路388号)				邮政编码:430074
电　　话:(027)67883511		传真:67883580		E-mail:cbb@cug.edu.cn
经　　销:全国新华书店				http://cugp.cug.edu.cn
开本:787毫米×1092毫米 1/16				字数:210千字　印张:8.25
版次:2017年11月第1版				印次:2017年11月第1次印刷
印刷:武汉教文印刷厂				印数:1—800册
ISBN 978-7-5625-4138-7				定价:36.00元

如有印装质量问题请与印刷厂联系调换

序

　　高速铁路运输因运量大、快速、舒适、节能、环保等特点,在我国旅客运输中的地位日益攀升,成为旅客运输的生命线,高速铁路安全优质的建设和运营,成为人民生命财产安全的有力保障。

　　根据国务院批准的《中长期铁路网规划》及各地区对于高速铁路的迫切需求,高速铁路建设在全国范围内大规模展开,高速客运网将覆盖我国大部分地区。我国软土地区分布广泛,分布面积约占国土总面积的1/3,沉降形态多样化,类型复杂多变,对高速铁路网的全面建设增加了巨大的难度及安全压力。软土问题防不胜防,不易处理,给工程建设造成巨大困扰,极易造成安全质量事故和投资的增加,严重制约着高速铁路建设的发展。

　　京广高铁湖北、湖南、广东段沿线途径地域广,各种复杂的地质情况都极为常见,沿途多岩溶区段。为规避风险,预防安全事故,本书在总结京广高铁建设技术基础上,结合国内其他高铁线路的建设情况,建立了高铁路基力学模型,利用Biot有限元进行分析,得出了有关受力参数,建立了完整的遗传算法在多层软土固结位移反演模式,将路桥过渡段处理技术进行了系统的总结和验算,为快速有序、安全处理软土地段提供可靠依据。创新管桩-桩筏复合地基加固设计技术和理论,为在高铁建设过程中解决软土沉降带来的隐患具有很强的针对性和迫切性。

　　作者是国内首批从事高速铁路建设的管理人员。从国内首条350km/h的一次性开通运行的最长高铁——京广高铁开始,亲身经历了我国高速铁路从无到有,再到蓬勃发展的过程,作者在高铁建设中不断摸索、钻研先进的技术,直接参与制订了许多重难点工程的技术方案,作为管理人员带头攻克了许多高铁领域的技术难题,是高铁建设和软土路基处理方面的技术专家。

本书针对高速铁路路基建设中一系列疑难问题,总结出了一套行之有效的解决方法,在中国高铁大规模建设开展之际,特别是复杂岩溶地质郑万高铁湖北段、重庆段建设在即,具有非常重要的借鉴意义,总结的技术可以在铁路、公路、市政、水利水电等工程建设领域推广。

谨为之序。

中国工程院院士 卢春良

2017 年 11 月

前　言

高速铁路以其快速、安全和舒适的特点受到越来越多的人的青睐。高速铁路的建成将极大地促进沿线地区经济和文化的交流，成为中国铁路交通的重要组成部分。由于高速铁路在我国起步较晚，部分技术尚未成熟，鉴于高铁途经地段地质情况复杂，本书对武广、京广、武石、郑万铁路建设工程中遇到的地质问题进行了系统的分析研究，具体内容如下：

（1）分析总结了高速铁路以及高速铁路路基的发展情况，介绍了高速铁路路基特点，对路基设计方法进行了阐述，主要包括路基荷载设计、路基横断面设计、路基基床设计等，同时归纳提出了高速铁路路基面临的主要问题。

（2）查找分析了高速铁路路基的建造标准和规范要求，主要涵盖高速铁路路基的一般规定、路基的断面形式、排水、防护、支挡和附属设施等。

（3）研究了该路段软土地基的处理问题，针对软土地基的工程特性和软土地基的具体处理方法进行了归纳总结和研究。

（4）针对管桩-桩筏复合地基，对管桩-桩筏复合地基的特点和加固原理进行了研究分析，为满足高速铁路路基沉降的严格要求，对该路段的地基承载力进行了验算，包括加固区沉降S_1、下卧层沉降S_2和固结度的计算。

（5）通过具体工程实践的研究分析，设计了路基的横断面形式，计算了路基的上部荷载。

（6）明确了高速铁路路基填料的要求，对高速铁路路基填料的有关参数，如地基系数K_{30}、动态变形模量E_v进行了归纳，并对改良土的方法做了分析研究等。

作　者
2017 年 7 月

目 录

第一章 绪 论 ·· (1)
  1.1 高速铁路发展概况 ·· (1)
  1.2 高速铁路路基的特点 ··· (3)
  1.3 高速铁路路基设计方法 ·· (4)
  1.4 高速铁路路基工程的现状与发展前景 ······································ (4)
    1.4.1 我国高速铁路路基面临的主要问题 ·································· (4)
    1.4.2 高速铁路路基工程现状 ·· (6)

第二章 高速铁路路基建造标准 ··· (8)
  2.1 高速铁路路基一般规定 ·· (8)
  2.2 路基断面 ··· (9)
  2.3 路基排水 ··· (10)
  2.4 路基防护 ··· (11)
  2.5 路基支挡 ··· (12)
  2.6 附属设施 ··· (12)

第三章 高速铁路软土路基地基处理 ··· (13)
  3.1 软土地基的工程特性 ··· (13)
  3.2 软土地基的处理方法 ··· (14)

第四章 管桩-桩筏复合地基加固设计 ··· (20)
  4.1 管桩-桩筏复合地基概述 ·· (20)
    4.1.1 管桩的定义和分类 ·· (20)
    4.1.2 管桩-桩筏复合地基的特点 ··· (21)

  4.1.3 管桩-桩筏复合地基的加固原理 ……………………………………… (21)
  4.1.4 管桩-桩筏复合地基的施工工艺 ……………………………………… (22)
 4.2 高速铁路路基工后沉降计算 ……………………………………………………… (26)
  4.2.1 工后沉降的定义及其影响因素 ……………………………………… (26)
  4.2.2 分层总和法 …………………………………………………………… (26)
  4.2.3 复合地基沉降量计算 ………………………………………………… (28)
 4.3 高速铁路路基工后沉降标准 ……………………………………………………… (31)
 4.4 管桩-桩筏复合地基工后沉降计算 ……………………………………………… (32)
  4.4.1 管桩-桩筏复合地基的设计 ………………………………………… (32)
  4.4.2 管桩-桩筏复合地基承载力检算 …………………………………… (34)
  4.4.3 管桩-桩筏复合地基总沉降计算 …………………………………… (35)
  4.4.4 管桩-桩筏复合地基变形计算方法 ………………………………… (39)
  4.4.5 固结系数的测定及固结度的计算 …………………………………… (41)
  4.4.6 管桩-桩筏工后沉降计算 …………………………………………… (44)

第五章 路桥过渡段沉降处理技术 ……………………………………………………… (45)
 5.1 京广高铁施工实践 ………………………………………………………………… (45)
  5.1.1 过渡段的结构设计及质量标准 ……………………………………… (45)
  5.1.2 施工工艺流程及填筑参数的确定 …………………………………… (45)
  5.1.3 碾压效果分析 ………………………………………………………… (49)
 5.2 高速铁路路桥过渡段变形原因分析 ……………………………………………… (50)
 5.3 路桥过渡段的处理方法 …………………………………………………………… (51)
  5.3.1 桥头设搭板和枕梁 …………………………………………………… (51)
  5.3.2 粗粒级配料填筑 ……………………………………………………… (52)
  5.3.3 加筋土路基结构 ……………………………………………………… (52)
 5.4 过渡段处理注意事项 ……………………………………………………………… (54)

第六章 路基设计 …………………………………………………………………………… (55)
 6.1 路基工程概况 ……………………………………………………………………… (55)
 6.2 高速铁路路基设计荷载 …………………………………………………………… (56)
 6.3 路基断面设计 ……………………………………………………………………… (58)
  6.3.1 路基面形状 …………………………………………………………… (58)

6.3.2	路肩的高程和宽度	(60)
6.3.3	路堤边坡坡度确定	(61)
6.3.4	路堤基床设计	(61)

第七章 路基填料分析 (63)

7.1	路基填料的分类标准	(63)
7.2	填料物理性质实验与测试	(66)
7.2.1	压实系数实验与测试	(66)
7.2.2	地基系数试验与测试	(75)
7.2.3	动态变形模量实验与测试	(77)
7.2.4	二次静态变形模量实验与测试	(79)
7.3	路基填料要求	(84)
7.3.1	路基填料的一般规定	(84)
7.3.2	路基填料的选择及压实标准	(86)
7.4	路基填料的改良技术	(87)

第八章 软土路基沉降 Biot 固结有限元分析 (88)

8.1	Biot 固结有限元方程	(88)
8.2	路堤软土地基的本构模型	(89)
8.3	单元类型及其刚度矩阵	(91)
8.4	有限元非线性分析方法	(93)
8.4.1	迭代法	(94)
8.4.2	增量法	(95)
8.5	有限元分析中一些问题的处理	(97)
8.5.1	初始应力状态	(97)
8.5.2	边界条件	(97)
8.5.3	土体单元应力历史的考虑	(98)
8.5.4	迭代收敛问题	(99)
8.6	有限元程序的编制及验证	(99)

第九章 遗传算法在多层软土固结位移反演中的应用 (105)

9.1	优化计算模型	(105)

9.2 优化反演分析遗传算法的实现 …………………………………………… (107)
9.3 软土固结位移反分析程序 ZGA …………………………………………… (109)
9.4 工程实例 …………………………………………………………………… (111)
    9.4.1 程序参数的确定 …………………………………………………… (111)
    9.4.2 反演结果分析 ……………………………………………………… (111)
    9.4.3 位移预测 …………………………………………………………… (113)
9.5 本章小结 …………………………………………………………………… (120)

结束语 ………………………………………………………………………… (121)

参考文献 ……………………………………………………………………… (122)

第一章 绪 论

1.1 高速铁路发展概况

1. 高速铁路的定义和由来

高速铁路(简称高铁),是指通过改造原有线路(直线化、轨距标准化),使最高营运速率达到不小于200km/h,或者专门修建新的"高速新线",使营运速率达到不小于250km/h的铁路系统。

自1852年英国修建了世界上第一条铁路,铁路运输相对于当时的主要运输方式(轮船和马车),在速度、运量和可靠性上呈现出明显的优势,得到了迅速的发展和推广,成为各国交通运输的主要方式,对国民经济的发展做出了重要贡献。19世纪后期至20世纪30年代是铁路发展的第一个"黄金时代"。但进入20世纪40年代后,随着交通运输进入了现代化、多样化的阶段,铁路受到了公路、航空等其他运输方式的挑战,铁路在速度上不再具有优势,长途受到航空运输的排挤,短途几乎被汽车运输取代,铁路逐渐沦为"夕阳产业",在竞争中处于被动局面,这就迫使人们寻找铁路发展的新途径。人们逐渐认识到在客运方面提高铁路运行速度的重要性,必须通过提高列车速度,才能把铁路的发展推向新的阶段。

因此,法、日等国家先后开展了有关高速列车的理论研究和试验工作。1955年3月,法国用两台电力机车牵引3辆客车,试验速度达到331km/h,创造了高速铁路的纪录。1964年,世界上首条投入商业运营的高速铁路在日本诞生,运营时速达到210km/h。2007年4月3日,法国创造了轮轨高速铁路试验速度达574.8km/h的世界纪录。

高速铁路技术在20世纪60年代进入应用阶段。1964年,日本新干线路的成功运营,为世界高速铁路发展树立了典范,世界铁路客运的发展进入了高速时代。1981年,法国建成了最高时速为270km/h的TGV东南新干线,它的修建开辟了一条以低价建造高速铁路的新途径,把高速铁路发展推上了一个新台阶。

2. 国内外发展概况

在日本,1964年10月1日,世界上第一条高速铁路——日本东海道新干线正式投入运营,时速达210km/h,突破了保持多年铁路运行速度的世界纪录。目前,日本高速铁路运营里程已达 2100km，成为日本陆地交通运输网络的支柱产业，并计划再修建 5000km。高速铁路运营已经取得了巨大的经济效益和社会效益，给其他国家的铁路发展带来了新的机遇。日本铁路客运量已占全国客运量的 30%，而其中新干线约占铁路总客运量的 30%，收入占比为 45%。

法国是世界上从事提高列车速度研究较早的国家之一，1955 年用电力机车牵引试验，创造了 331km/h 的世界纪录。在日本东海道新干线路建成之后，法国从更高的起点研究开发高速铁路。

日本和法国这两条高速铁路不但是高速铁路不同发展阶段的标志，而且还以其明显的社会经济效益、先进的技术装备和优良的客运服务享誉世界。此后，德国、英国、意大利、荷兰、比利时等国相继发展了高速铁路。

我国对"高速铁路"的定义分为两部分：既有线改造达到 200km/h 和新建时速达到 200～250km/h 的线路，在这部分线路上运营的时速不超过 250km/h 的高速列车称为"动车组(D 车)"，以及按 D 车模式运行的跨线 G 车，同时可执行普通客运列车及少量货运列车作业的运营模式；新建的时速达到 300～350km/h 的线路，这部分线路上运营时速达到 300km/h 及以上的"高速动车组(G 车)"以及最高时速达 350km/h 的 D 车。

在我国铁路营业里程已达 $12.1×10^4$ km，其中营运高速铁路里程居世界第一，已达 $1.9×10^4$ km，已形成"四纵四横"的高速铁路网。

京沪高速铁路：北京经天津、南京至上海，全长约 1318km。另有蚌埠至合肥的合蚌高速铁路之支线。

京港高速铁路：北京经武汉、广州至香港，由京石高速铁路、石武高速铁路、武广高速铁路、广深港高速铁路组成，全长 2260km。

京哈高速铁路：北京经承德至哈尔滨，由京沈高速铁路、哈大高速铁路、盘营高速铁路组成，全长约 1700km。

杭福深高速铁路：杭州经宁波、温州至深圳，由杭甬高速铁路、甬台温高速铁路、温福高速铁路、福厦高速铁路、厦深高速铁路组成，全长约 1600km。

徐兰高速铁路：徐州经郑州、西安至兰州，由郑徐高速铁路、郑西高速铁路、西宝高速铁路、宝兰高速铁路组成，全长约 1400km。

沪昆高速铁路：上海经杭州、长沙至昆明，由沪杭高速铁路、杭长高速铁路、长昆高速铁路组成，全长 2080km。

青太高速铁路：青岛经济南、石家庄至太原，由胶济高速铁路、石济高速铁路、石太高速铁路组成，全长约 770km。

沪汉蓉高速铁路：上海经武汉、重庆至成都，由合宁高速铁路、合武高速铁路、渝利高速铁路、遂渝高速铁路和达成高速铁路成都至遂宁段构成，全长约 1600km。

1.2 高速铁路路基的特点

路基是铁路轨道的基础,是铁路线路的重要组成部分。路基的稳定性与坚固性直接关系到线路的质量、列车正常运行及安全,高速铁路线路要保证线路的安全、快速、平稳运营,就必须具备良好的路基基础。与普通路基相比,高速铁路路基工程具体表现在具有强度高、刚度大的基床,控制路基的容许沉降或没有沉降以及保证路基刚度沿线路方向变化缓慢等方面。综合来说,高速铁路路基工程的设计主要有以下特点。

1. 高速铁路路基多层结构系统

高速铁路线路结构已经突破了传统的轨道-道床-土路基的结构形式,既有有砟轨道,也有无砟轨道。对于有砟轨道,在道床和土基之间,已经抛弃了将道砟层直接放在土路基上的做法,做了多层结构系统。

2. 控制路基变形

高平顺是高速铁路得以运营的基础保证,因此高速铁路对轨道的平顺管理标准要求非常严格。路基是铁路基础工程的重要组成部分,承受着轨道结构的重量和列车的荷载,路基的变形自然会引起轨道的不平顺。特别是有砟轨道,其轨道下基础是由松散体材料组成的道床和路基,它是整个路线结构中最薄弱、最不稳定的环节,是轨道变形的主要来源,在多次荷载的重复作用下所产生的累计永久下沉(残余变形)将造成轨道的不平顺。同时,它的刚度对轨道的弹性变形也起着关键性作用,因而对列车的高速运行具有重要的影响。高速铁路路基除了应具备一般铁路路基的基本性能外,还需要满足高速铁路轨道对基础提出的高性能要求,满足静态平顺和列车运行状态下的动态平顺。

3. 保证路基刚度的均匀性

列车速度越高,要求路基刚度越大,弹性变形越小。因为弹性变形过大会导致高速行驶的列车无法正常运行;同样刚度也不能过大,过大会导致列车行驶中的振动和噪声加大,不利于车辆的平稳。研究表明,由刚度变化引起的列车振动与速度的平方成正比。列车速度越高,刚度变化越急剧,引起列车振动越强烈,影响列车高速行驶的安全性和舒适性。所以,高速铁路要求路基在线路上做到刚度均匀、变化缓慢,不允许出现刚度突变。

4. 在列车运行及自然条件下的稳定性

在列车运营时,路基不仅要承受轨道结构和附属结构建筑物的静荷载,承受列车载荷的多次反复作用,而且还要抵抗气温变化、雨雪作用、地震等自然因素的侵蚀和破坏。因此,为了保证高速行车,路基工程必须要有抵抗这些不良因素的能力,保证强度不降低、弹性不改变、变形不会加大,真正做到长寿命、少维修。只有这样,才能高速行车,减少维修费用,满足行车舒适性和安全性的要求。

1.3 高速铁路路基设计方法

根据设计任务书的要求,充分掌握路基设计地段的资料和情况;根据既有的地形、地质、气象水文情况,对设计对象在满足稳定和经济的基础上,提出几种可供选择的设计方案。待方案选定以后,做既定方案的细部尺寸及设计检算。最后根据设计图计算工程量、材料数量和工程概算,并编写工程设计说明书,整理图表资料,设计图应达到施工图的要求。

(1)静荷载的设计。静荷载是线路上部结构的重量作用在路基面上的应力,而列车荷载和轨道荷载是确定路基本体构造要求的一个重要依据,在设计静荷载时通常采用换算土柱法。

(2)动荷载的设计。动荷载是列车行驶时轮载力通过上部结构传递到路基面的动应力,高速铁路的路基设计不能简单地把动荷载作为静荷载来处理,必须进行动态分析。在列车动荷载的作用下,路基保持长期稳定是列车高速运行的基础;而要保持路基长期稳定,不产生任何危及正常运行的过度变形,就必须对通过钢轨、轨枕和道床传到路基表面的动应力幅值、频率、振动加速度及位移的大小进行分析。目前通常采取实测研究与理论分析相结合的方法来分析研究。

1.4 高速铁路路基工程的现状与发展前景

1.4.1 我国高速铁路路基面临的主要问题

我国高速铁路的建设还处于起步阶段,路基工程的设计、施工和养护技术等方面与世界高速铁路发达国家相比还存在较大差距,因此其设计、施工规范、标准等还有待补充、修改和完善,许多问题还有待进一步研究解决。

1. 技术标准的修改和完善

(1)路基工后沉降控制标准。对高速铁路路基的工后沉降控制制订标准,直接关系到列车能否高速、安全、舒适运行以及建设的工程费用,其标准与今后我国高速铁路运营的管理模式也有关。对有砟轨道路基而言,工后沉降量控制过严,会使地基处理费用大幅上升,在某些地质条件下,即使采取一些地基处理措施,绝对消除工后沉降也是非常困难的。因此比较现实的办法是将工后沉降控制在允许的范围之内,一方面使其不影响列车的高速、安全、舒适运行,另一方面又不因维修过多而影响线路通过能力及产生太高费用,这就需要对工后沉降标准与工程建设费用的关系、线路维修与工后沉降量的关系进行深入研究。对无砟轨道路基,目前的工后沉降标准是根据轨道扣件的调高量制定的。且不说不同的无砟轨道类型,其抗不均匀变形的能力不一样,采用统一的标准是否合理。对于路桥、路涵过渡段沉降造成的折角,日本新干线板式轨道线路规定不大于1/1000,德国高速铁路无砟轨道技术标准中规定不大于1/500,我国采用不大于1/1000进行控制,因此这个控制标准是否合理应作进一步研究。

(2)无砟轨道路基基床厚度。基床是铁路路基最重要的基础部位,受列车动荷载的影响很大,其填料和压实标准很高。我国现行的《高速铁路无砟轨道铁路设计指南》中,没有区分200~350km/h速度等级的影响,暂时均取基床厚度为3m,尚需要实践的检验。

(3)地基刚度新标准。《高速铁路设计规范》对一段路堤地段的地基面没有要求,而在《高速铁路路基质量验收标准》中,要求地基面表土整平碾压后,$K_{30} \geqslant 85MPa/m$,$K \geqslant 0.85$是表征路基刚度的指标,列车运行时路基弹性变形的大小与K_{30}(或E)有关。从列车荷载产生的路基动应力分布规律来看,当深度为2.5m时,动应力一般已衰减到路基面的20%,列车荷载的影响也很小。也就是说,路堤高度大于2.5m或3.0m时,地基面的刚度对列车运行时的弹性变形影响不大。在工后沉降(塑性变形)能满足要求的前提下,对一般路堤地基面$K_{30} \geqslant 85MPa/m$的要求是否合理,直接关系到地基处理的费用。因此,明确或统一对地基面的标准非常必要。

2. 现代高速铁路技术的理论研究

对高速铁路的技术必须从整体系统的观点出发进行研究,高速的实现需要路基、轨道、车辆三者之间的合理匹配,从而使各个组成部分相互协调并保证高速系统以最优方式运行。普通铁路行车速度慢、运量小,因此在以往的设计中,只孤立地研究轮/轨的相互作用,而忽略了路基的影响。对于高速铁路,车-轨-路系统应该是车轮、轨道、路基整个系统各部分相互作用的整体,必须把路基放到整个系统中去考虑,建立适当的模型,着眼于各自的基本参数和运用状态,进行系统的最佳设计,实现车-轨-路系统的合理匹配,以保证列车的高速、安全运行。然而,至今还没有较好的车-轨-路计算模型,无法从理论上对路基的许多技术标准是否合理进行考察,往往只能借助于试验方法和实践的检验。

3. 设计施工面临的几个问题

有了技术标准,在工程实践中如何实现并满足标准,是高速铁路设计和施工技术人员面临的一个问题。

(1)路基工后沉降预测技术。由于现阶段没有可靠的路基(地基)工后沉降计算理论,因此在工程中,主要利用实测的沉降-时间(荷载)的关系,选择有关函数对沉降曲线进行拟合,进而推算工后沉降,并指导下一步施工,如合理的铺轨时间等。常用的经验公式有双曲线法、指数曲线法、星野法和浅岗法。显然,采用现有的预测方法,难以满足高速铁路路基工后沉降高标准的技术要求,迫切需要有可靠的、高精度的沉降预测模型。

(2)特殊土地区低路堤、土质路堑的设计。现行的设计暂行规定,对高度小于基床厚度的低路堤和土质路堑的换填厚度已作了相应的规定。如对土质路堑,规定当土质不满足基床底层填料条件时,应换填A、B组填料或改良土,厚度不小于0.5m。但对一些特殊土(如膨胀土、湿陷性黄土、季节性冻土等),应根据特殊土的成因类型、地下水情况、土的工程性质和当地的气候情况等进行换填厚度、封闭防水、排水等设计,即要求进行个别设计。

(3)改良土的施工技术。我国地域辽阔,地质及地理条件复杂,在各种特殊条件下,形成了各种具有明显区域性特殊类型的土,如膨胀土、湿陷性黄土、下蜀黏土等。当这些填料不能直接用于路基填筑时,可以通过改良的方法,使之满足作为路基填料要求的土体。因此,在设计和施工前,应根据土的类型、矿物成分、物理力学性质等进行改良措施的室内试验研究,并对改良土的拌和工艺、压实工艺进行现场试验,提出质量保证措施,从改良土的拌和质量、工效特点、工艺的适用性、经济指标和环境保护等方面进行综合分析,确定合适的拌和工艺,指导全线或大面积的施工。

(4)复杂地质条件下的路基设计。设计包括岩溶地基、液化地基的处理措施,区域地面沉降对高速铁路路基的影响及对策等。为防治地面沉降对铁路的影响,应采取合理措施,控制地下水开采,建立沿线地面沉降监测网络,选择合理的轨道结构类型等。

4. 新技术的应用

为适应高速铁路建设的需要,近年来在高速铁路路基设计中,采用了 CFG 桩、PHC 管桩桩网结构加固软弱地基和桩板结构路基的新技术,利用动态变形模量测试仪,测试动态变形模量的新检测手段。在施工方面,引进和研制了一些土石方挖、装、运及碾压设备,施工机具效率有了很大提高。桩网结构是由路堤、桩(CFG 桩和 PHC 管桩等)、网(土工格栅等)及桩间土构成的复合系统,其中 CFG 桩桩网结构和 PHC 桩桩网结构分别在郑西、武广高速铁路和温福铁路中得到了应用。

目前的 CFG 桩桩网结构有带桩帽和无桩帽两种结构形式。由于这种柔性基础结构在路堤荷载作用下的工作机理不同于刚性基础结构,其结构形式的选取、设计计算理论及不同地质条件下的施工工艺都尚未成熟。桩板结构路堤是一种用于高速铁路无砟轨道新的结构形式,由下部钢筋混凝土桩基与上部钢筋混凝土承载板组成,承载板直接与轨道结构连接,已在遂渝线进行试验研究。对这种加固路基的结构形式,尚需要对其工作机理、动力特性和设计理论等方面进一步开展研究。

与国外相比,我国高速铁路的建设规模大、线路长、区域地质条件复杂、任务紧,许多问题迫切需要广大科研人员和工程技术人员去研究和解决。及时总结近年来我国高速铁路的建设经验,可以提升我国高速铁路的建设水平。

1.4.2 高速铁路路基工程现状

1. 国内路基工程现状

中华人民共和国成立以来,在路基工程的建设上取得了许多成果,特别是对特殊地区及特殊土路基,无论在科研水平还是工程实践水平上都有了很大的提高,积累了丰富的经验。由于经济的快速发展,路基工程水平仍跟不上高速铁路运输发展的需要,其关键在于采用安全度方面路基与轨道、桥隧建筑物不匹配,路基强度低、变形大,影响整个铁路运输能力的提高。长期以来,我国新建铁路在"重桥隧、轻路基,重土石方数量、轻质量"倾向下,经常发生路基变形、下沉,边坡坍滑,道碴陷槽等病害,使新建铁路交付运营后不能立即达到设计速度与运量,一般要经过 1~5 年自然沉落及病害整治后才能达标。随着国民经济的发展,运量不断增长,路基超负荷工作状态一直没有缓解,以致时常发生路基病害。据统计,至 1994 年底,在全国 68 053km 的运营线上,路基总长 64 088km,占运营线路的 94%,路基病害地段 81 082 处,累计长 11 055km,占运营线路的 16.2%。因此,路基质量问题已逐渐被人们所认识和重视。

2. 国外路基工程现状

国外铁路发展的方向是重载和高速铁路。发展重载铁路(轴重 250~360kN)的国家有美国、加拿大、澳大利亚、俄罗斯等;发展高速铁路的国家有法国、日本、德国等,这些国家都制订了较高的路基技术标准和严格的施工工艺,其特点如下:

(1)结合路基工程规定了详细的岩土分类,要求详细地进行调查,为设计、施工及养护提供所必需的资料。

(2)加强了轨道基础的路基基床部分,包括路堤、路堑及不填不挖地段,特别是对基床表层(日本对新干线要求设置加强基床,很多国家设置基层或防护层、垫层),有严格的材料条件并规定了强度要求。关于强度标准,有的用形变模量 E,有的用加州承载比(CBR),日本采用直径为 30cm 的平板荷载试验求出的地基系数;欧盟及法国标准对基层要根据土质、承载能力、防冻要求、线路等级、运输荷载条件(轴重、运量、速度)以及线路上部结构的条件,设计其结构及需要厚度。

(3)对路堤各部分的填土规定了相应的填料标准,填土质量标准要求较高。多数标准采用压实系数 K 与 K_{30} 标准。施工中严格进行质量检验及控制。日本、法国标准中分别提出可用贯入仪及落球回弹法等快速检验法。为了调整接近桥台时路堤的刚度,对桥头路堤规定了更高标准。

(4)为控制路基不发生过大的下沉,对路堤填土的地基条件提出了规定及处理的要求。

第二章　高速铁路路基建造标准

高速铁路路基是承受轨道结构和列车荷载的基础,是铁路工程的重要组成部分,除应具备铁路路基的基本功能外,还应满足列车高速运行的要求:具有足够的强度、刚度、稳定性和耐久性,能承受正常施工和正常使用时可能出现的各种情况,在正常使用时具有良好的工作性能;在正常维护下具有足够的耐久性,在偶然事件发生时及发生后仍能保持整体稳定性。

2.1　高速铁路路基一般规定

(1)路基工程应通过地质调绘和足够的勘探、试验工作,查明基底、路堑边坡、支挡结构基础等的岩土结构及其物理力学性质,查明不良地质情况,查明填料性质和分布,在取得可靠的地质资料基础上开展设计。

(2)路基工程应避免高填、深挖、长路堑和高大挡土墙,一般路堤边坡高度不宜超过15m,特殊路堤边坡高度不宜超过10m,路堑边坡高度不宜超过30m,并应尽量避免不良地质条件地段。路堤高度不宜小于基床厚度。

(3)路基工程应按土工结构物进行设计,其地基处理、路堤填筑、边坡支挡防护以及排水设施等必须具有足够的强度、稳定性和耐久性,使之能抵抗各种自然因素作用的影响,确保列车高速、安全和平稳运行。

(4)基床表层的材质和强度应能承受列车荷载的长期作用,刚度应使列车运行时产生的弹性变形控制在一定范围内,厚度应使扩散到其底层面上的动应力不超出基床底层土的容许承载能力,并能防止道碴压入基床及基床土进入道床,防止地表水侵入基床土中,导致基床软化及产生翻浆冒泥等基床病害。

(5)路堤填料应能满足高速铁路所要求的压实标准,必要时应在施工前进行填料的填筑试验。

(6)路基与桥台,路基与横向结构物连接处,路堤与路堑以及土质、软岩、强风化硬质岩路堑与隧道,有砟轨道路基与无砟轨道路基等分界处应设置过渡段。

(7)对路基与桥台或路基与横向结构物过渡段、地层变化较大处和不同地基处理措施连接处,应采取逐渐过渡的地基处理方法,减少不均匀沉降,满足轨道平顺性要求。对沉降控制较困难的软土和松软土路基,应做好施工组织设计,提前安排施工,保证必需的预压期。

(8)路基工程的地基应满足承载力和路基工后沉降的要求。地基处理措施必须根据地质条件、路堤高度、填料、建设工期等通过检算分析确定。

(9)路基支挡、加固防护工程应在满足路基安全稳定的基础上进行设计,并兼顾美观与环境保护、水土保持、节约土地等要求。路基排水工程应全面系统地规划,具有足够的防、排水能力,并及时实施。

2.2 路基断面

1. 路基面形状

无砟轨道支承层(或底座)底部范围内路基面可水平设置,支承层(或底座)外侧路基面两侧设置不小于4%的横向排水坡。有砟轨道路基面形状应为三角形,由路基面中心向两侧设置不小于4%的横向排水坡。曲线加宽时,路基面仍保持三角形。

2. 路肩宽度

路肩宽度应符合下列规定:
(1)设计时速200km/h的线路时应不小于1.0m;
(2)设计时速200～350km/h时的线路应不小于1.2m。

3. 路基面宽度

路基面在无砟轨道正线曲线地段一般不加宽(表2-1)。当相关设施的设置有特殊要求时,根据具体情况分析确定;有砟轨道正线曲线地段加宽值,应在曲线外侧按规定加宽,曲线加宽值应在缓和曲线内渐变(表2-2)。

表2-1 高速铁路路基面宽度设计值

轨道类型	设计最高速度(km/h)	双线线间距(m)	路基面宽度(m)	
			单线	双线
无砟轨道	250	4.6	8.6	13.2
	300	4.8		13.4
	350	5.0		13.6
有砟轨道	250	4.6	8.8	13.4
	300	4.8		13.6
	350	5.0		13.8

表 2-2　高速铁路曲线地段加宽值

设计速度 v(km/h)	曲线半径 r(m)	路基面外侧加宽值
200	$r \geqslant 6000$	0.2
	$6000 > r \geqslant 4500$	0.3
	$4500 > r \geqslant 3500$	0.4
	$3500 > r \geqslant 2800$	0.5
	$r < 2800$	0.6
200~350	$r \geqslant 10\,000$	0.2
	$10\,000 > r \geqslant 6000$	0.3
	$60\,000 > r \geqslant 4500$	0.4
	$4500 > r \geqslant 4000$	0.5
	$r < 4000$	0.6

2.3　路基排水

1. 一般规定

路基设计应有完整、通畅的排水系统。排水设施应布置合理,与桥涵、隧道、站场等排水设施衔接配合,并具有足够的过水能力。

排水设施应根据各段落的汇水面积、表面形状、周边地形、地质情况、地下水状况和气候等条件进行设计。

路基排水设施设计时,应与水土保持及农田水利的综合利用相结合。城市地区的路基排水应与地方排灌和排污系统密切配合。

2. 路堤排水

路堤应视地面横坡情况,设置单侧或双侧排水沟。排水沟应置于天然护道外,也可结合单侧或双侧取土坑进行排水设计。

排水沟沟底纵坡应不小于2%,困难情况下可减小至1%。

3. 路堑排水

对路堑有危害的地表水,应设置天沟、侧沟、截水沟等措施拦截引排至路基范围以外。对路堑有危害的地下水,应根据地下水类型、含水层埋藏深度、地层的渗透性等条件,选用适宜的地下水排除设施。

路肩两侧应设置侧沟,边坡平台上应根据需要设置截水沟。

天沟内边缘至堑顶距离不宜小于5m。当沟内进行加固防渗时,应不小于2m。

天沟、侧沟、截水沟沟底纵坡应不小于2%,困难情况下可减小至1%。

地下水位较高或无固定含水层时,可采用明沟、排水槽、渗水暗沟、边坡渗沟、支撑渗沟等排除地下水。地下水位较低或存在固定含水层时,可采用渗水隧洞、渗井、渗管或仰斜式钻孔等。

排水沟、侧沟、天沟和截水沟可视地基条件采取加固措施,防止冲刷或渗漏。侧沟宜采用混凝土预制构件砌筑或现场浇筑片石混凝土。

2.4 路基防护

1. 边坡防护一般规定

路堤边坡应设置坡面防护工程。防护工程应根据填料性质、气候条件、边坡高度、浸水及冲刷等具体情况,因地制宜采取适宜的防护形式,并符合下列规定:

(1)当路堤边坡适宜进行植物防护,且能保证路基边坡的稳定时,应优先采用植物防护方法。可根据路堤高度及材料情况,采用植草、种植灌木或藤本植物、骨架护坡或土工合成材料等措施。

(2)当路堤边坡高度较高时,可在边坡不小于2.5m宽度范围内分层铺设土工格栅等土工合成材料,每层间距0.3~0.6m,铺设至基床表层下,并在边坡上采取适宜的植物防护措施。

(3)降雨量大、强度高、历时长的区域,路堤边坡大于8.0m的路堤应设置宽度不小于2.0m的边坡平台,并在边坡上设置截水沟。

(4)沿河地段路基应根据河流特性、水流性质、河道地貌、地质等因素,结合路基位置采用抗冲刷能力强的边坡防护、导流或改河工程等措施。坡面防护可采用植物防护、干砌片石护坡、浆砌片石护坡、混凝土护坡、抛石、石笼、大型砌块、土工织物沉枕、土工模袋等多种形式,必要时可设置浸水挡土墙。

2. 特殊地质边坡

土质、软质岩及强风化的硬质岩路堑的边坡坡面(含边坡平台、侧沟平台)均应进行防护或加固,并符合下列规定:

(1)对土质路堑边坡可采用喷播植草或种植灌木等措施,对较高的土质路堑边坡可采用骨架护坡或挂网结合喷播植草、种植灌木等措施。

(2)软质岩、强风化的硬质岩应根据岩体结构、结构面产状、风化程度、地下水及气候条件等确定边坡加固措施。应随挖随护,每隔一定高度或在土石分界处设置一平台,必要时可采用先加固坡脚、后开挖的方式进行预加固。条件适宜时,也可采用岩石边坡植被护坡技术。

2.5 路基支挡

支挡结构物计算时,列车和轨道荷载换算土柱高度及分布宽度,可按《高速铁路设计规范》进行设计,并应考虑运架梁车等施工临时特殊荷载的影响。

重力式挡土墙应采用混凝土或片石混凝土砌筑。挡土墙背反滤层宜采用土工合成材料、无砂混凝土块或其他新型材料。

应避免设置高度大于12m的重力式路肩墙和路堑墙及高度大于10m的重力式路堤墙,无法避免时应适当提高安全系数。对于轻型支挡结构,根据结构形式、挡土墙高度等因素亦应适当提高安全系数。

2.6 附属设施

通常为了保证路基稳定性、强度以及行车安全,需要根据现场实际情况,采用取土坑、弃土堆、护坡道、碎落台、错车道和堆料坪等附属设施。铁路通信、信号、电力所用的各种光、电缆沟槽应从路堤坡脚外或路堑侧沟平台上通过,必须从路肩或路堤边坡上通过时,应进行结构设计,并采取有效措施,保证路基的完整和稳定。在路基上设置接触网支柱、管线等设备时,应进行结构设计,并采取有效措施,保证路基的完整和稳定。

第三章　高速铁路软土路基地基处理

3.1　软土地基的工程特性

软土地基一般是指抗剪强度较低,天然含水率高,天然孔隙比较大,压缩性高,渗透性较小的淤泥及淤泥质土、饱和软黏土、冲填土、杂填土、松散沙土及其他高压缩土层工程的地基。软土地基的工程特性如下。

1. 含水率较高,空隙比较大

软土含水率为 35%~80%,孔隙比一般为 1.0~2.0。软土的这一特性反映了土中矿物成分与介质相互作用的性质。在软土中黏土粒组和粉土粒组的含量相对较高,会加剧土粒与水的作用,使含水率较高;土颗粒粒组较小,易形成具有较大孔隙的各种絮状结构,高含水率、大孔隙比是软土的基本物理特征,直接影响到土的压缩性和抗剪强度,含水率越大,土的抗剪强度越小,压缩性越大。因此,降低含水率和缩小孔隙比是软土地基处理的重要内容。

2. 抗剪强度低

我国软土的天然不排水抗剪强度一般为 $C_u=5\sim25\text{kPa}$,且正常固结软弱土的不排水抗剪强度,往往随距地表深度的增加而增大,一般每米深度增长率为 $1\sim2\text{kPa/m}$。在外荷载作用下,软土的渗透固结,会使其强度显著增长。因此,加速软土层渗透固结的速率,是改善软土强度特征的一项有效途径。软土抗剪强度试验值与试验方法、排水条件等密切相关,如采用固结不排水抗剪,黏聚力 c 值将有所增大。因此试验方法、条件应密切联系工程实际及地基的具体条件等,除室内试验之外,还可补充现场原位测试方法,以得到较正确的结果。

3. 压缩性高

淤泥的压缩系数 $a_{0.1-0.2}$ 一般为 $0.5\sim2.5\text{MPa}^{-1}$,最大可达 2.95MPa^{-1},属高压缩性土;淤泥质土的压缩系数 $a_{0.1-0.2}$ 一般为 $0.4\sim1.0\text{MPa}^{-1}$,最大可达 1.6MPa^{-1},也属高压缩性土。压缩系数随着土的液限和天然含水量的增大而增高。软土的高压缩性是引起地基下沉变形的主要原因,软土的压缩系数具有随着土层埋深的增加而减小的特点。

4. 渗透性很小

淤泥及淤泥质土的渗透系数一般为 $2\times10^{-7}\sim3\times10^{-8}$ cm/s。软土层透水性差,在荷载作用下固结很慢,强度不易提高。此外,由于软土在形成过程中夹有数量不等的薄层或极薄层粉砂、细砂、粉土等透镜体,因此软土在水平方向上的渗透系数(渗透性能)比垂直方向上的渗透系数(渗透性能)要大一些。

5. 结构性明显

大量室内试验发现,软土抗剪强度与加荷速率、排水固结条件密切相关。淤泥三轴固结不排水抗剪(C_U)的黏聚力 c 为 10.0~15.0 kPa,内摩擦角 φ 为 8.0°~13.0°;三轴不固结不排水剪切试验(U_U)的黏聚力 c 为 1.0~14.0 kPa,内摩擦角 φ 为 0.7°~3.0°;天然快剪试验的黏聚力 c 为 3.0~13.0 kPa,内摩擦角 φ 为 2.5°~9.0°;固结快剪试验的黏聚力 c 为 4.0~20.0 kPa,内摩擦角 φ 为 4.0°~14.0°。由此可见,软土固结条件下其抗剪强度明显提高,这是由于土体受荷时,其中孔隙水有充分的排水条件,使得土体得到正常压密,从而逐步提高其强度。因此,要提高软土天然地基的强度,必须控制施工时的加荷速率,特别是在开始阶段加荷不能过大,以便每增加一级荷重与土体在新的受荷条件下强度增长相适应。如果相反,则土中水分来不及排出,土体强度不但来不及得到提高,反而会由于土中孔隙水压力的突然急剧增大,有效应力降低,而产生土体的挤出剪切破坏。

6. 流变性显著

在外荷载作用下,土体的主(渗透)固结已完成。虽然荷载保持不变,但土体在长期荷载作用下,因土骨架蠕变而发生随时间而变化的变形,土内黏土颗粒含量越多,这种特性越明显。蠕变的速率一般都很小,它也随土中剪应力值的变化而变化。有试验表明,当应力低于不排水剪切强度 5% 时,蠕变最后趋于稳定;应力高于不排水强度的 70% 时,速率保持不变,继续产生可观的次固结沉降,甚至渐增直至破坏。因此软土地基中除应充分创造排水固结条件外,还应考虑将影响蠕变的剪应力适当控制在临界抗剪强度(长期强度)内。在软土较厚处,表层软土长期经受气候影响,含水率降低,发生收缩固结,形成强度较高、压缩性较低的非饱和土层,俗称"硬壳层",厚度一般为 0.5~3.0 m,有时可考虑作为小桥涵等浅基础的持力层。

3.2 软土地基的处理方法

1. 处理方法的分类

软土地基的处理方法可为换土垫层法、深层密实法、排水固结法、加筋法、热学法、胶结法等(表 3-1)。

表 3-1　软土地基处理方法的分类

分类	处理方法	原理及作用	适用范围	优点及局限性
换土垫层法	机械碾压法	挖除浅层软弱土或不良土,分层碾压或夯实土,按回填的材料可分为砂(石)垫层、碎石垫层、粉煤灰垫层、干渣垫层、土(灰土、二灰)垫层等	常用于基坑面积宽大、开挖土方量较大的回填土方工程,适用于处理浅层非饱和软弱地基、湿陷性黄土地基、膨胀土地基、季节性冻土地基、素填土和杂填土地基	它可提高持力层的承载力,减小沉降量,消除或部分消除土的湿陷性和胀缩性,防止土的冻胀作用,改善土的抗液化性
	重锤夯实法		适用于地下水位以上稍湿的黏性土、砂土、湿陷性黄土、杂填土以及分层填土地基	
	平板振动法		适用于处理非饱和无黏性土或黏粒含量少、透水性好的杂填土地基	
	强夯挤淤法	采用边强夯、边填碎石、边挤淤的方法,在地基中形成碎石墩体	适用于厚度较小的淤泥和淤泥质土地基,应通过现场实验才能确定其适用性	它可提高地基承载力和减小沉降
	爆破法	由于振动而使土体产生液化和变形,从而达到较大密实度	适用于饱和净砂,非饱和但经常灌水饱和的砂、粉土和湿陷性黄土	用以提高地基承载力和减小沉降
深层密实法	强夯法	利用强大的夯击能,迫使深层土液化和动力固结,使土体密实,用以提高地基承载力,减小沉降,消除土的湿陷性、胀缩性和液化性。强夯置换是指将厚度小于8m的软弱土层,边夯边填碎石,形成深度为3～6m,直径为2m左右的碎石柱体,与周围土体形成复合基础	适用于碎石土、砂土、素填土、杂填土、低饱和度的粉土、黏性土和湿陷性黄土 强夯置换适用于软弱土	施工速度快,施工质量容易保证,经处理后土性质较为均匀,造价经济,适用于处理大面积场地施工。对周围有很大振动和噪音,不宜在闹市区施工,需要有一套强夯设备(重锤、起重机)

续表 3-1

分类	处理方法	原理及作用	适用范围	优点及局限性
深层密实法	挤密法（碎石、砂石桩挤密法）（土、灰土、二灰桩挤密法）（石灰桩挤密法）	利用挤密或振动使深层土密实，并在挤密或振动过程中，回填砂、砾石、碎石、土、灰土、二灰或石灰等，形成砂桩、碎石桩、土桩、灰土桩、二灰桩或石灰桩，与桩间土一起组成复合基础，从而提高地基承载力，减小沉降，消除或部分消除土的湿陷性或液化性	砂（砂石）桩挤密法、振动水冲法、干振碎石桩法，一般适用于杂填土和松散砂土，对于软弱地基经试验证明加固有效时方可使用。土桩、灰土桩、二灰桩挤密法一般适用于地下水位以上深度为 5~10m 的湿陷性黄土和人工填土。石灰桩挤密法适用于软弱黏性土和杂填土	经振冲处理后地基土较为均匀，施工速度快，施工质量容易保证，经处理后土性质较为均匀，造价经济
排水固结法	堆载预压法、真空预压法、降水预压法、电渗排水法	通过布置垂直排水井，改善地基的排水条件，采取加压、抽气、抽水和电渗等措施，以加速地基土的固结和强度增长，提高地基土的稳定性，并使沉降提前完成	适用于处理厚度较大的饱和软土和冲积土地基，但对于厚的泥炭层要慎重对待	需要有预压的时间、荷载条件及土石方搬运机械。对于真空预压，预压压力达 80kPa 不够时，可同时加上土石方堆载，真空泵需长时间抽气，耗电较大。降水预压法无需堆载，效果取决于降低水位的深度，需长时间抽水，耗电较大
加筋法	加筋土、土锚、土钉、锚定板	在人工填土的路堤或挡墙内铺设土工合成材料、钢带、钢条、尼龙绳或玻璃纤维作为拉筋，或在软弱土层上设置树根桩或碎石桩等，使这种人工复合土体可承受抗拉、抗压、抗剪和抗弯作用，用以提高地基承载力，减小沉降，增加地基稳定性	加筋土适用于人工填土的路堤和挡墙结构。土锚、土钉、锚定板适用于土坡稳定	
	土工合成材料		适用于砂土、黏性土和软土	
	树根桩		适用于各类土，可用于稳定土坡支挡结构，或用于经试验证明施工有效时方可采用	

续表 3-1

分类	处理方法	原理及作用	适用范围	优点及局限性
	砂桩、砂石桩、碎石桩		适用于黏性土、疏松砂性土、人工填土。对于软土，经试验证明施工有效时方可采用	
热学法	热加固法	通过渗入压缩的热空气和燃烧物，并依靠热传导，将细颗粒土加热到适当温度（在100℃以上），则土的强度就会增加，压缩性随之降低	适用于非饱和黏性土、粉土和湿陷性黄土	
	冻结法	采用液态氮或二氧化碳膨胀的方法，或采用普通的机械制冷设备与一个封闭式液压系统相连接，使冷却液在内流动，从而使软而湿的土冻结，以提高土的强度，降低土的压缩性	适用于各类土，特别在软土地质条件，开挖深度大于7~8m，以及低于地下水位的情况下，是一种普遍而有效的施工措施	
胶结法	注浆法（或灌浆法）	通过注入水泥浆液或化学浆液的措施，使土粒胶结，用以提高地基承载力，减小沉降，增加稳定性，防止渗漏	适用于处理岩基、砂土、粉土、淤泥质黏土、粉质黏土、黏土和一般人工填土层，也可加固暗浜和使用托换工程	
	高压喷射注浆法	将带有特殊喷嘴的注浆管，通过钻孔置入处理土层的预定深度，然后将浆液（常用水泥浆）以高压冲切土体。在喷射浆液的同时，以一定的速度旋转提升，形成水泥土圆柱体；若喷嘴提升而不旋转，则形成墙状固结体，加固后可以提高地基承载力，减小沉降，防止砂土液化、管涌和基坑隆起，建成防渗帷幕	适用于处理淤泥、淤泥质黏土、黏性土、粉土、黄土、砂土、人工填土等地基。当土中含有较多的大粒径块石、坚硬黏性土、大量植物根系或有过多的有机质时，应根据现场试验结果确定其适用程度。对既有建筑物可进行托换工程	施工时水泥浆冒出地面流失量较大，对流失的水泥浆应设法予以利用

续表 3-1

分类	处理方法	原理及作用	适用范围	优点及局限性
	水泥土搅拌法	水泥土搅拌法施工时分湿法(亦称深层搅拌法)和干法(亦称粉体喷射搅拌法)两种。湿法是利用深层搅拌机,将水泥浆和地基土在原位拌和;干法是利用喷粉机,将水泥粉或石灰粉与地基土在原位拌和。搅拌后形成柱状水泥土体,可提高地基承载力,减少沉降,增加稳定性	适用于处理淤泥、淤泥质黏土、粉土和含水量较高且地基承载力标准值不大于120kPa的黏性土地基。当用于处理泥炭土或地下水具有侵蚀性时,宜通过实验确定其适用性	经济效益显著,目前已成为我国软土地基上建造6~7层建筑物最为经济的处理方法之一。不能用于含石块的杂填土

2. 处理方法的选择(表 3-2)

表 3-2 各种地基处理方法的土质适用情况、加固效果和有效处理深度一览表

分类	序号	处理方法	土质适用情况						加固效果				常用有效处理深度(m)
			淤泥质土	人工填土	黏性土		无黏性土	湿陷性黄土	降低压缩性	提高抗剪性	形成不透水性	改善动力特性	
					饱和土	非饱和土							
浅层加固	1	换土垫层法	*	*	*	*			*	*			3~5
	2	机械碾压法		*	*	*	*		*	*			3
	3	平板振动法		*			*		*	*			1.5
	4	重锤夯实法		*		*	*		*	*			1.5
	5	土工合成材料法	*		*	*			*				
深层加固	6	强夯法		*		*	*	*	*	*		*	10
	7	砂(砂石)桩挤密法	慎重	*		*	*	*	*	*			20
	8	振动水冲法	慎重	*		*	*	*	*	*			18
	9	干振碎石桩法		*		*	*		*	*			6
	10	土(灰土、二灰)桩挤密法		*		*	*	*	*	*			20
	11	石灰桩挤密法	*	*	*	*			*	*			20
	12	砂井(袋装砂井、塑料排水带)堆载预压法	*		*				*				15

续表 3-2

分类	序号	处理方法	土质适用情况						加固效果				常用有效处理深度(m)
			淤泥质土	人工填土	黏性土 饱和土	黏性土 非饱和土	无黏性土	湿陷性黄土	降低压缩性	提高抗剪性	形成不透水性	改善动力特性	
深层加固	13	真空预压法	*		*				*	*			15
	14	降水预压法	*		*				*	*			30
	15	电渗排水法	*		*				*	*			20
	16	注浆法	*	*	*	*	*	*	*	*	*	*	20
	17	高压喷射注浆法	*	*	*	*			*	*	*		20
	18	深层搅拌法	*	*	*				*	*			18
	19	粉体喷射搅拌法	*		*	*			*	*			12

第四章 管桩-桩筏复合地基加固设计

4.1 管桩-桩筏复合地基概述

4.1.1 管桩的定义和分类

管桩又称为预应力混凝土管桩,可分为先张法预应力管桩和后张法预应力管桩。

先张法预应力管桩是采用先张法预应力工艺和离心成型法制成的一种空心筒体细长混凝土预制构件,主要由圆筒形桩身、端头板和钢套箍等组成。

管桩按混凝土强度等级和壁厚,可分为预应力混凝土管桩、预应力高强混凝土管桩(代号为 PC 或 PHC)、薄壁管桩(代号为 PTC)。PC 桩的混凝土强度不得低于 C50 砼,薄壁管桩强度等级不得低于 C60,PHC 桩的混凝土强度不得低于 C80。PC 桩和 PTC 桩一般采用常压蒸汽养护,要经过 28 天才能施打。而 PHC 桩脱模后要进入高压釜蒸养,经 10 个大气压、180℃左右的蒸压养护,混凝土强度等级达 C80,从成型到使用的最短时间只需三四天。

管桩按外径分为 300mm、350mm、400mm、450mm、500mm、550mm、600mm、800mm 和 1000mm 等规格,实际生产的管径以 300mm、400mm、500mm、600mm 为主。

管桩按桩身抗裂弯矩的大小分为 A 型、AB 型和 B 型。A 型的有效预应力约为 3.5~4.2MPa,AB 型为 5.0MPa,B 型约为 5.5~6.0MPa,一般管桩有 4~5MPa 的有效预应力,打桩时桩身混凝土可有效地抵抗打桩拉应力,所以,对于一般的建筑工程,选用我国规定的 A 型或 AB 型的管桩就可以。

每节管桩都有出厂标记,表示在管桩表面距端头 1.0m 左右的地方。标记示例:外径 600mm、壁厚 105mm、长度 12m 的 A 型预应力高强混凝土管桩的标记为 PHC - A600 - 105 - 12。

管桩的接头,过去个别厂的产品采用法兰盘螺栓连接,现在几乎全部采用端头板电焊连接法。端头板是管桩顶端的一块圆环形铁板,厚度一般为 18~22mm,端板外缘沿圆周留有坡口,管桩对接后坡口变成 U 型,烧焊时将管桩圆周的 U 型坡口填满即可。

预应力管桩沉入土中的第一节桩称为底桩。底桩下端部都要设置桩尖(靴)。管桩桩尖(靴)形式主要有 3 种:十字型、圆锥型和开口型。十字型和圆锥型也称闭口型。上海地区采用开口型桩尖(靴)比较多,而广东及港澳地区采用十字型桩尖(靴)较多。开口型桩尖(靴)沉入土层后桩身下部约有1/3桩长的内腔被土体塞住,沉桩时发生的挤土作用比封口型桩尖(靴)要小一些。但封口型桩尖沉入土层中,桩身内腔在电灯和手电光的照射下一目了然,因此,可用目测法检查成桩的桩身质量,并用直接量测法复测沉桩长度。桩尖规格不符合设计要求,也会造成工程质量事故。

管桩沉桩方法有多种,在我国常用的施工方法有锤击法、静压法、震动法、射水法、预钻孔法和中掘法等,而以静压法用得最多。由于柴油锤打桩时震动剧烈、噪音大,为适应市区施工需要,近年来我国各地开发了大吨位的静力压桩机施压预应力管桩的工艺。静力压桩机又可分为顶压式和抱压式,抱压式是桩机的夹板夹紧桩身,依靠持板的摩擦力大于入土阻力的原理工作。静力压桩机最大压桩力可达5000~6000kN,可将直径500mm、600mm的预应力管桩压到设计要求的持力层,从而大大推动了预应力管桩的应用和发展。

4.1.2 管桩-桩筏复合地基的特点

管桩-桩筏复合地基加固方式是在高层施工中被广泛应用的一种地基处理方式,近年来也逐渐应用到高速铁路施工中。与传统的单桩组成复合地基或者复合桩基相比,管桩-桩筏复合地基具有刚度大、承载能力高、整体性好等特点,桩基础与筏板锚固连接后,筏板可以均化上部荷载传递到地基的分布形式,桩基础可将荷载传递至地基中相对持力层,可有效地解决局部集中和整体沉降问题,同时防止桩的侧向变形,适用于荷载较大、地基承载力相对较低的地基要求(图4-1、图4-2)。

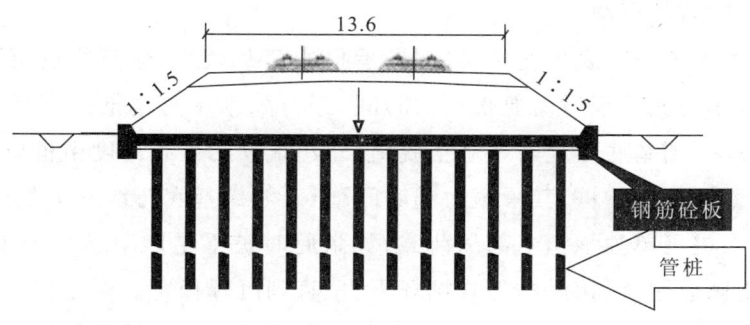

图 4-1 桩筏结构断面图

4.1.3 管桩-桩筏复合地基的加固原理

研究表明,桩筏基础在建造初期,荷载经由桩体和筏板底面两条路径传递给地基土。在长期荷载作用下,传递路径与多种因素有关,如桩周土的压缩性、持力层强度、应力历史、荷载水平等,或保持原传递路径或仅由桩传递。当桩顶下沉量小于筏板底土的下沉量时,土与筏板脱开,荷载将全部由桩传递给地基土。如果提高设计荷载,迫使桩产生足够

图 4-2 现场筏板浇注

的刺入变形,即使桩周土比较软弱,仍可使筏板底面保持与土接触并传递荷载。

桩筏基础共同作用可分为 5 个阶段。

第一阶段,在建筑物施工期和使用早期,基底与地基土保持接触,桩与筏板共同承担建筑物的荷载。

第二阶段,随着时间的发展,打桩时引起的超孔隙水压力逐渐消散,到某一时间内,基底与地基土脱离。此时,上部的荷载全部由桩承担。

第三阶段,建筑物荷载转移由桩承担后,建筑物沉降不断增加。一般来说,此时的沉降速率要比孔隙水压力消散速率大一些。经过一段时间,基底与地基土再度接触,桩与筏板又要共同承担建筑物荷载。

第四阶段,地基土与基底再度接触后,桩承担的荷载减小,建筑物的沉降速率相应递减。由于孔隙水压力完全消散需要很长的时间,当孔隙水压力消散引起地基土的沉降大于建筑物的沉降时,则基底再度与地基土脱离,即建筑物的荷载再度由桩单独承担。

第五阶段,黏性土中的桩,其承载力随时间增长,如果基底与地基土脱离,而桩具有足够的承载力,那么桩可单独承担上部的荷载;如果此时桩不足以单独承担上部的荷载,那么基底与地基土则以脱离、接触的形式循环下去,直到沉降稳定。对于在软土地基中摩擦的短桩,最终一般会出现基底与地基土保持接触,桩与地基土共同承担荷载的情况。

4.1.4 管桩-桩筏复合地基的施工工艺

1. 管桩施工技术

1)准备工作

根据打桩机选择经验,一般选择桩重 0.6~1.0 倍的桩锤。

(1)场地平整:施工场地清表后,压实并回填工作垫层,采用山皮土做填料,厚度不小于 50cm。为不影响沉桩质量,选用最大粒径不大于 10cm 的碎石和山皮土。施工场坪应

第四章 管桩-桩筏复合地基加固设计

尽量保持平整,横断面方向做成约 4% 的横向排水坡;同时在施工区段内路堤外挖沟排水,保证施工场地内排水畅通。

(2)测量定位:根据现场加密控制点、水准点,放设桩位,桩位处插短竹签,竹签顶涂上红油漆,利用 8mm 钢筋作直径 500mm 模具,以竹签为中心,白灰沿模具撒放,作直径 500mm 的圆圈(图 4-3)。正式沉桩前,对桩位应进行再次复核。

图 4-3 模具放线

图 4-4 标示刻度

2)管桩沉桩施工

(1)桩机就位:桩机就位前,对桩机性能进行检查,确保设备正常运转后,移动设备就位、对中、调直。

(2)喂桩、插桩、稳桩。

喂桩:直接用桩机采用单点起吊方式自行喂桩。起吊前在桩身上划出以米为单位的长度标记,并将开口桩尖焊接到底桩上(图 4-4),起吊点在桩端(无桩尖侧)$0.3L$ 处;首先起吊桩锤,待桩锤离地面 4~5m 时,暂停提升桩锤,开始起吊管桩,将桩吊起端送入桩帽中。然后桩锤和桩同时起吊,待桩底离开地面 30~40cm 时,停止起吊,进行插桩。

插桩:桩尖对准桩位处白线圈,将桩尖插入土内,桩锤和桩停止下沉,利用护桩从两个方向检查桩位偏差,偏差在 2cm 以内。然后用两台经纬仪(轴线互相垂直)双向调整桩的垂直度,桩的垂直度通过对桩机导架的旋转、滑动进行调整;垂直度偏差为 0。最后检查桩机导架与桩是否平行,若不平行,调整桩机导架,桩机导架移动可能影响桩的垂直度。此时继续调整桩的垂直度,直到桩垂直度偏差为 0,同时桩机导架与桩平行。调整桩垂直度期间桩锤和桩禁止下沉。

稳桩:桩垂直度调整完毕,桩锤和桩同时下沉,利用桩锤与桩的自重将桩压入土中。待桩在桩锤和桩的自重作用下不再下沉,即可进行锤击沉桩。

(3)沉桩:锤击沉桩因表层较软,初打时下沉量较大,应采用低锤轻打,随着沉桩加深,沉速减慢,起锤高度渐增。在整个打桩过程中,指挥人员应及时调整桩锤、桩帽、桩身,尽量使三者保持在同一轴线上,并保持桩身竖直度。必要时还应将桩锤及桩架导杆方向按桩身方向调整,尽量不使管桩受到偏心锤打,以免管桩弯扭破坏。每根桩连续性一次打完,中间不停顿。

(4)接桩施工:接桩采用端板式焊接接头。当下节桩的桩头距地面0.6~0.8m时,停止锤击,开始进行接桩。焊接前要用钢丝刷(或磨光机)清理干净端头板上的泥土及铁锈。上下节桩的中心线偏差不得大于2mm。当桩对好后,点焊1点加以固定。调整桩的垂直度,垂直度偏差0.2%,然后检查端板缝隙。检查无缝隙后开始焊接,焊接接桩时,应先将四角点焊固定,然后对称焊接,减少焊区焊缝变形,确保焊缝质量(图4-5)。焊缝应连续焊满,焊接后应进行外观检查,焊缝不得有凹痕、咬边、焊瘤、夹渣、裂缝等缺陷。施工时注意焊好的桩接头应自然冷却并涂刷防锈漆后方可施打(图4-6)。

图4-5 焊接完成的桩头

图4-6 桩头防锈处理

(5)桩顶标高控制:为确保桩顶标高达到设计要求,打桩前确定基准面的高程,在送桩至桩顶标高后,必须认真丈量送桩器余尺,确保桩顶面标高达到设计要求。根据施工图纸要求,桩顶的标高误差应控制在15cm之内。

(6)停锤标准:①桩顶标高达到设计要求;②根据《高速铁路路基工程施工技术规程》,原则上当落下高度达到最大值,每击贯入度≤2mm时,应停锤。

(7)沉桩纪录:按照建设单位有关要求,由专职记录员负责,记录内容包括桩号、桩长、桩规格尺寸、落距、总锤击数、送桩前的位移、桩顶标高、最后贯入度、电焊接桩隐蔽工程验收记录等。施工记录必须经现场监理员签认。

2. 筏板施工工艺

1)基坑开挖、桩基检测与填芯

(1)基坑开挖:准确测定基坑横纵中心线及地面标高,根据开挖深度和边坡,确定开挖范围。根据基坑四周地形,做好地面防水、排水工作。

基坑开挖采用机械挖掘,人工辅助清理,基坑开挖断面要求整洁,同时保证基坑底土无明显扰动现象。机械挖土预留 30cm 厚度用人工挖除,基坑严禁超挖,如有超挖,必须用级配碎石回填至设计基底标高并夯实。基坑底面较四周每边放宽 0.5m,作为操作面。

(2)桩头处理与桩基检测:对沉桩过程中形成的破损桩头以及未达到设计标高桩头,进行截除,并将桩顶泥土、铁锈等清理干净。必须保证桩头伸入筏板不小于 5cm,若不能满足时,可下挖形成小桩帽与筏板连接。桩头处理以后即可进行桩基小应变检测、静载试验和大应变试验,由于耗费时间较长可提前开挖单桩检测。

(3)回填工作垫层:基坑开挖完成后,经整平,即可回填工作垫层,回填工作垫层时,桩孔要保护好,禁止堵塞,工作垫层要碾压密实。

(4)填芯:桩头填芯必须单独施工,严禁与筏板一起施工,填芯钢筋笼必须固定牢固,保证深入桩内钢筋长度不小于 0.8m,且伸到筏板的钢筋长度不小于 40cm(图 4-7)。

图 4-7 填芯钢筋笼固定

图 4-8 混凝土浇筑

2)钢筋加工与安装

模板与钢筋之间加设混凝土垫块的抗压强度应不低于结构本体混凝土的设计强度,混凝土垫块的密度和数量每平方米不少于 4 个。具体施工工艺与一般方法相同,在此不再赘述。

3)模板加工及架设

施工用的模板应具有足够的刚度、强度和稳定性。模板安装时必须保证将其安置于符合设计的可靠基底上,并有足够的支承面积和防排水措施。模板安装必须稳固牢靠,接缝严密,模板缝间采用橡胶条填塞,防止漏浆。模板与混凝土的接触面必须清理干净并均匀涂刷脱模剂。

4)筏板混凝土浇筑

筏板采用一次性浇注施工,每块筏板尺寸约为 31.5m×11.5m(路基宽度×线路方向),各块筏板交错施工(图 4-8)。由于混凝土浇注方量较大,为保证连续施工,在施工前进行严密的组织。

4.2 高速铁路路基工后沉降计算

4.2.1 工后沉降的定义及其影响因素

路基工后沉降是指从路基施工完毕直到沉降稳定(例如,要求固结度达到95%)时间内的沉降量。

路基工后沉降一般由路基在列车荷载作用下发生的变形、路基在自重作用下的压密沉降、地基引起的工后沉降三部分组成。在路基填料的材质与施工质量有保证的前提下,前两部分的数值是有限的,因此控制路基沉降主要是控制工后沉降,主要针对不良地基,如饱和土质、黏性土质的地基等。

路基工后沉降的影响因素如下。

(1)路基在列车荷载作用下发生的变形:是列车通过时列车荷载的短时作用而产生的,主要发生在路基的基床部位,尤其是基床表层。路基的弹性变形最终将反映在轨面的变形之中,如果弹性变形大,车速就不可能提高,基床的弹性变形量取决于脱轨安全系数。当基床表层采用特殊的结构形式时,如日本强化基床表层采用的沥青混凝土,必须控制其弹性变形不致引起表层结构的开裂破坏,为防止沥青砼层开裂,沥青砼面的挠度应小于2.5mm,故以2.5mm作为弹性变形控制值。影响轨面弹性变形的因素主要是路基。路基弹性变形的大小是由路基的动刚度决定的,而路基的刚度取决于路基填料及填筑质量。

(2)路基在自重作用下的压密沉降:路基填土的下沉属永久下沉,是由填土的自重(包括线路上部建筑)引起的,它发生在两个时间段:一是施工阶段的下沉;二是施工完成后的工后下沉。前者不影响实际的工程实施,而后者对后期运营将产生较大的影响,由散体材料填筑而成的路基本体产生一定的压密下沉是正常的,但如果下沉量较大,则说明填土的压实密度不足、强度低,容易形成不均匀变形。

路基本体沉降控制的3个主要因素:压实度、填料类型、沉降时间。

4.2.2 分层总和法

分层总和法是以地基土无侧向变形假定为基础的简单沉降计算方法,已广泛应用于我国工程中的地基最终沉降量计算。

1.基本假设

一般取地基中心点下地基附加应力来计算各分层土的竖向压缩量,认为基础的平均沉降量 s 是各分层土竖向压缩量 s_i 之和,即:

$$s = \sum_{i=1}^{n} \Delta s_i \qquad (4-1)$$

式中:n 为沉降计算深度范围内的分层数。

计算 Δs_i 时,假设地基土只在竖向发生压缩变形,没有侧向变形,则可利用室内压缩实验成果进行计算。

2. 计算步骤

(1)土分层。成层土的层面(不同土层的压缩性及重度不同)及地下水面(水面上下土的有效重度不同)是当然的分层界面,分层厚度一般不宜大于 $0.4b$(b 为基地宽度)。附加应力延伸度的变化是非线性的,土的 $e-p$ 曲线也是非线性的,因此分层厚度太大将产生较大的误差。

(2)计算各分层界面处土的自重应力。土的自重应力应从天然地面起算,地下水位以下一般应取有效重度。

(3)计算各分层界面处基底中心下竖向附加应力。

(4)确定地基沉降计算深度(或压缩层厚度)。附加应力随深度递减,自重应力随深度递增,因此,到了一定深度以后,附加应力与自重应力相比很小,引起的压缩变形就可以忽略不计。一般取地基附加应力等于自重应力的 20%($\sigma_z=0.2\sigma_{cz}$)深度处作为沉降计算深度的限值;若在该深度以下为高压缩性土,则应取地基附加应力等于自重应力的 10%($\sigma_z=0.1\sigma_{cz}$)深度处作为沉降计算深度的限值。

(5)计算各分层土的压缩量 Δs_i,利用室内压缩实验成果进行计算。

$$\Delta s_i = \varepsilon_i H_i = \frac{\Delta e_i}{1+e_{1i}} H_i = \frac{e_{1i}-e_{2i}}{1+e_{1i}} H_i$$
$$= \frac{a_i(p_{2i}-p_{1i})}{1+e_{1i}} H_i = \frac{\Delta p_i}{E_{si}} H_i \tag{4-2}$$

根据已知条件,具体可选用式中的一个进行计算。

式中:ε_i 为第 i 分层土的平均压缩应变;

H_i 为第 i 分层土的厚度;

e_{1i} 为对应于第 i 分层土上下层面自重应力值的平均值 $p_{1i}=\dfrac{\sigma_{cz}(i-1)+\alpha_{czi}}{2}$ 从土的压缩曲线上得到的孔隙比;

e_{2i} 为对应于第 i 分层土自重应力平均值 p_{1i} 与上下层面附加应力值的平均值 $\Delta p_i = \dfrac{\sigma_z(i-1)+\sigma_{zi}}{z}$ 之和 $p_{2i}=p_{1i}+\Delta p_i$ 从土的压缩曲线上得到的孔隙比;

a_i 为第 i 分层对应于 $p_{1i}\sim p_{2i}$ 段的压缩系数;

E_{si} 为第 i 分层对应于 $p_{1i}\sim p_{2i}$ 段的压缩模量。

(6)按式(4-2)计算基础的平均沉降量。

3. 简单讨论

(1)分层总和法假设,地基土在侧向不能变形,而只在竖向发生压缩,这种假设在当压缩土层厚度同基地荷载分布面积相比很薄时才比较接近。如当不可压缩岩层上压缩土层厚度 H 不大于基地宽度之半(即 $b/2$)时,由于基地摩阻力及岩层层面阻力对可压缩土层的限值作用,土层压缩只出现很少的侧向变形。

(2)假定地基土侧向不能变形引起的计算结果偏小,取基地中心点下的地基中的附加应力来计算基础的平均沉降,将导致计算结果偏大,因此在一定程度上得到了相互弥补。

(3)当需考虑相邻荷载对基础沉降影响时,可通过将相邻荷载在基地中心下各分层深度处引起的附加应力,叠加到基础本身引起的附加应力中来进行计算。

(4)当基坑开挖面积较大、较深,暴露时间较长时,由于地基土有足够的回弹量,因此基础荷载施加以后,不仅附加压力要产生沉降,初始阶段基地土恢复到原自重应力状态也会发生再压缩量沉降。

4.2.3 复合地基沉降量计算

通常把复合地基沉降量分为两部分(图 4-9):复合地基加固区的厚度为 h,加固区的压缩量为 S_1;加固区下卧层厚度为 $(Z-h)$,下卧层的压缩量为 S_2。故在荷载作用下复合地基的总沉降 S 可表示为两部分之和。

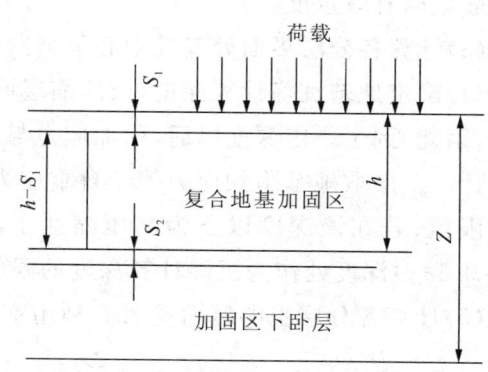

图 4-9 复合地基变形图

1. 复合地基加固区压缩变形计算

在复合地基沉降实用计算方法中,对加固区范围内的土层压缩量 S_1 的计算方法主要有复合模量法、应力修正法、沉降折减法、桩身压缩法和直接计算法等方法。

1)复合模量法

将复合地基加固区中增强体和土体视为一复合土体,采用复合压缩模量 E_{cs} 来评价复合土体的压缩性。采用分层总和法计算加固区土层压缩量。将加固区分成 n 层,每层复合土体的复合模量为 E_{csi},加固区土层压缩量表示为:

$$S_1 = \varphi \sum_{i=1}^{n} \frac{\Delta p_i}{E_{csi}} h_i \tag{4-3}$$

式中:Δp_i 为第 i 层复合土上的附加应力增量;

h_i 为第 i 层复合土层的厚度;

φ 为复合地基沉降折减系数;

E_{csi} 为复合土体的复合模量。

竖向增强体复合地基复合土层压缩模量 E_{cs} 通常根据弹性力学的平面问题理论,采用面积加权平均法计算,则:

$$E_{cs} = mE_p + (1-m)E_s \tag{4-4}$$

式中:E_p 为桩体压缩模量;

E_s 为桩间土压缩模量;

m 为复合地基置换率。

复合土体的复合模量也可采用弹性理论求出解析解或数值解。使桩和桩间土有一均匀的竖向压缩 ε_z，即 $\varepsilon_z =$ 常数，因此属于广义平面应变问题，可得：

$$E_c = mE_p + (1-m)E_s + \frac{4(v_p - v_s)^2 K_p K_s G_s (1-m)m}{[mK_p + (1-m)K_s]G_s + K_p K_s} \quad (4-5)$$

式中：v_p、v_s 分别为桩体和土体的泊松比；

m 为复合地基置换率；

$$K_p = \frac{E_p}{2(1+v_p)(1-2v_p)};$$

$$K_s = \frac{E_s}{2(1+v_s)(1-2v_s)};$$

$$G_s = \frac{E_s}{2(1+v_s)}.$$

2）应力修正法

在竖向增强体复合地基中，增强体的存在使作用在桩间土上的平均荷载密度比作用在复合地基上的平均荷载密度要小。在采用应力修正法计算压缩量时，根据桩间土分担的荷载，按照桩间土的压缩模量，忽略增强体的存在，采用分层总和法计算加固区土层的压缩量。

竖向增强体复合地基中桩间土分担的荷载为：

$$p_s = \frac{p}{1+m(n-1)} = \mu_s p \quad (4-6)$$

式中：p 为复合地基平均荷载密度；

μ_s 为应力减少系数或称应力修正系数；

n、m 分别为复合地基桩土应力比和复合地基置换率。

复合地基加固区土层压缩量采用分层总和法计算，其表达式为：

$$S_1 = \sum_{i=1}^{n} \frac{\Delta p_{si}}{E_{si}} h_i = \mu_s \sum_{i=1}^{n} \frac{\Delta p_i}{E_{si}} = \mu_s S_{1s} \quad (4-7)$$

式中：Δp_i 为未加固地基（天然地基）在荷载 p 作用下第 i 层土上的附加应力增量；

Δp_{si} 为复合地基中第 i 层桩间土中的附加应力增量；

S_{1s} 为未加固地基（天然地基）在荷载 p 作用下相应厚度内的压缩量；

μ_s 为应力修正系数，$\mu_s = \dfrac{1}{1+m(n-1)}$。

2. 复合地基下卧层沉降量计算

在复合地基沉降实用计算方法中，对下卧层压缩量 S_2 的计算方法主要有压力扩散法、等效实体法、改进 Minddlin-Geddes 法、双层地基法和应力面积法（简化分层总和法）、以 $e-p$ 曲线为已知条件的分层总和法、利用 $e-\lg p$ 曲线考虑应力历史影响的分层总和法等方法。

1)压力扩散法

复合地基上作用荷载为 p,复合地基加固区压力扩散角为 β(图 4-10),地基压缩层范围内计算划分的全部分层数为 n,则作用在下卧土层上的荷载 σ_x(路堤在纵向无限延伸,横断面是个平面应变问题)可用下式计算:

$$\sigma_x = \frac{Bp}{B + 2h\tan\beta} \tag{4-8}$$

式中:B 为复合地基上荷载作用宽度(m);

h 为复合地基加固区厚度(m)。

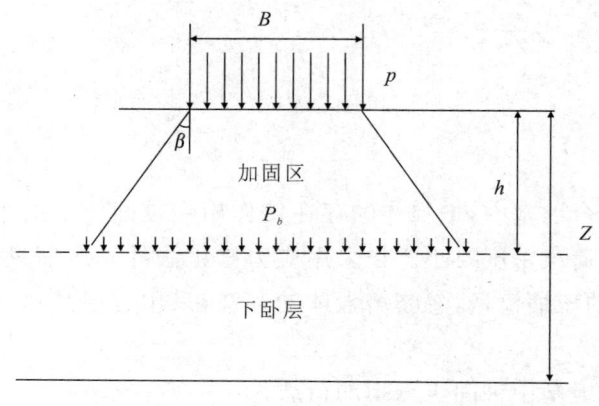

图 4-10 压力扩散法

2)等效实体法

将复合地基加固区视为等效实体,作用在下卧层上的荷载与作用在复合地基上的荷载相同(图 4-11)。

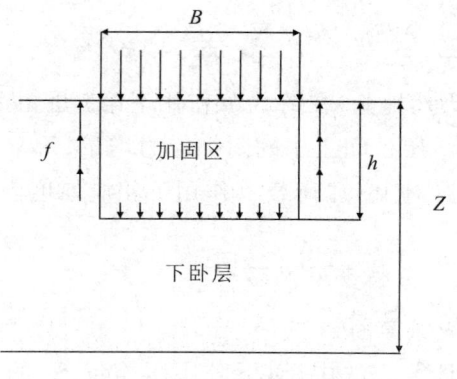

图 4-11 等效实体法

在等效实体四周作用有侧摩阻力,设侧摩阻力为 f,则复合地基加固区下卧层上荷载

密度可用下式计算:

$$\sigma_x = p - \frac{2hf}{B} \tag{4-9}$$

式中:f 为复合地基周边摩阻力。

3)改进 Minddlin-Geddes 法

复合地基总荷载为 p,由桩体和桩间土承担。桩间土承担的荷载在地基中产生的竖向应力可采用布辛奈斯克解。桩体承担的荷载在地基中产生的竖向应力采用 Geddes 法计算。然后叠加两部分的应力,得到地基中总的竖向应力。最后采用分层总和法计算复合地基加固区下卧层压缩量 S_2。Geddes 认为长度为 L 的单桩在荷载 Q 作用下对地基土产生的作用力可近似看作桩端集中力 Q_p、桩侧均匀分布的摩阻力 Q_r 和桩侧随深度线性增长的分布摩阻力 Q_t 三种形式的荷载组合。根据弹性理论,在半无限体中作用一集中力的 Mindlin 应力解,地基中的竖向应力可按下式计算:

$$\sigma_{Zp} = \sum_{i=1}^{n}(\sigma_{Z,Q_p} + \sigma_{Z,Q_r} + \sigma_{Z,Q_t}) + \sigma_{ZS}$$

采用改进 Geddes 法计算,需要确定荷载分担比和桩侧摩阻力分布,这两项估计将给计算带来误差,另外桩土相对刚度对桩侧摩阻力影响很大。

土体中任一点 (r,Z) 的竖向应力可表示为:

桩端集中力:

$$\sigma_{Z,Q_p} = \frac{P_p}{L^2}K_b$$

桩侧阻力呈矩形分布:

$$\sigma_{Z,Q_r} = \frac{P_r}{L^2}K_r$$

桩侧阻力呈三角形分布:

$$\sigma_{Z,Q_t} = \frac{P_t}{L^2}K_t$$

式中:P_p、P_r、P_t 分别为桩端荷载、矩形分布侧阻力分担荷载和正三角形分布侧阻力分担荷载;

K_b、K_r、K_t 分别为桩端集中力、桩侧阻力矩形分布、桩侧阻力三角形分布情况下的地基中任一点的竖向应力系数。

4.3 高速铁路路基工后沉降标准

《高速铁路设计规范(试行)》(TB10621-2009)规定:无砟轨道路基工后沉降应符合扣件调整能力和线路竖曲线圆顺的要求。工后沉降不超过 15mm;沉降比较均匀,并且调整轨面高程后的竖曲线半径符合要求时,允许的工后沉降为 30mm。路基与桥梁、隧道交界处的工后沉降差应不大于5mm,不均匀沉降造成的折角应不大于1/1000。

路基工后沉降量控制标准见表4-1,并应严格控制不均匀沉降。

表4-1 路基工后沉降量控制标准

规范	设计时速（km/h）	轨道类型	工后沉降（mm）	路桥过渡段工后沉降（mm）	沉降速率（mm/a）	过渡段折角
铁路路基设计规范（TB10001-2005）	客车≤160 货车≤120	有砟	Ⅰ级:200 Ⅱ级:300	Ⅰ级:100 Ⅱ级:150	50	
铁路路基设计规范（TB10001-2016）	200	有砟	150	80	40	
	200~250		100	50	30	—
客运专线无砟轨道设计指南	200~350	无砟	15	5	—	1/1000
铁路路基设计规范（TB10001-2016）	300~350	有砟	50	30	20	

注:无砟轨道工后沉降控制标准主要取决于扣件的可调整量(<15mm),标志着高铁的工后沉降控制已达到"机械"工程精度,需要严格控制地基的沉降。

4.4 管桩-桩筏复合地基工后沉降计算

4.4.1 管桩-桩筏复合地基的设计

管桩-桩筏复合地基设计主要确定5个设计参数,分别是桩长、桩径、桩间距、桩体强度、褥垫层厚度及材料。

1. 桩长的选择

管桩-桩筏复合地基要求桩端落在好的持力土层上,这是管桩-桩筏复合地基设计的一个重要原则。因此,桩长是管桩-桩筏复合地基设计时首先要确定的参数,它取决于建筑物对承载力和变形的要求。桩端插入持力层至少1m,第三土层较薄,厚度为4.2m,底层深度为3.73m。第四土层较好(黏土、黄色、褐色、硬塑),选择此土层为持力层,桩在持力层的埋深为3.07m,故设计取桩长为24.5m。

2. 桩径的选择

常采用振动沉管法施工,其桩径根据桩管大小而定,一般设计桩径为350~600mm。本设计取$d=500$mm。

3. 桩间距的选择

桩间距的大小取决于设计要求的复合地基承载力和变形、土体性质、施工机具。一般桩间距 $s=(3\sim5)d$。选用原则如下：

(1) 对挤密性好的土，如砂土、粉土和松散填土等，桩距可以取得较小。

(2) 对单、双排布桩的条形基础和面积不大的独立基础等，桩间距可以取得比较小；满堂布桩的筏基、箱基以及多排布桩的条基、设备基础等，桩间距可适当放大。

(3) 地下水位高、地下水丰富的建筑场地，桩间距也应适当放大。

管桩采用大间距布桩的思想，故本设计中，取 $s=4d$，即桩间距为 2.0m。标准路基底面宽度为 23.4m，横断面能够布置的管桩根数为：$n=23.4/2.0=11.7$，考虑路堤两边荷载小，本设计取 $n=12$。

4. 桩体强度的选择

原则上桩体配比由桩体强度控制，最低标号按 3 倍桩顶应力确定。为减小地基处理的费用，对于长度较长的桩体，也可把桩身设计成上部强度较下部强度高的变强度桩。由于管桩桩身的强度是由桩体材料中水泥的掺量及其他材料的配比决定，桩身强度的设计实质上就是桩身材料配比设计。管桩中的水泥一般采用普通 42.5 级硅酸盐水泥，粉煤灰宜采用磨细的干灰。粒径为 2.5~10mm 的级配石屑的掺量对混合料流动性和强度都有十分明显的影响，粉煤灰的掺量可改善混合料的和易性及可泵性，提高混合料的后期强度。所以必须做好水泥掺量、石屑掺量和粉煤灰掺量的设计。

单桩承载力标准值可按下式计算：

$$R_k = \eta R_{28} A_p$$
$$R_k = (U_p \sum q_{si} L_i + q_p A_p)/K \quad (4-10)$$

式中：η 取 0.3~0.33；

R_{28} 为桩体 28 天立方体试块强度(kPa)；

A_p 为桩的截面积(m^2)；

U_p 为桩的周长(m)；

q_{si} 为第 i 层土的极限摩阻力(kPa)，按桩基技术规范有关规定取值；

q_p 为桩端土的极限端阻力(kPa)，按桩基技术规范有关规定取值；

L_i 为第 i 层土的土层厚度(m)；

K 为安全系数，根据经验一般取 1.5~1.75。

桩体试块抗压强度应满足：

$$f_{cu} \geqslant 3\frac{R_a}{A_p}$$

式中：f_{cu} 为桩体混合料试块(边长 150mm×150mm×150mm)标准养护 28 天立方体抗压强度平均值；

R_a 为单桩竖向承载力特征值(kN)。

由于本设计没有给出具体的 R_{28}、q_{si}、q_p 等重要参数,只能通过查找当地相关文献得到近似值。石武高速铁路规定,桩体 28 天立方体试块强度不低于 15MPa,为安全考虑,取 $R_{28}=15$MPa,$\eta=0.3$,则:

$$R_k = 0.3 \times 15 \times 10^3 \times 0.1964 = 883.8(\text{kN})$$

查找相关资料,对沉管灌注桩的极限侧阻力有:填土 15~22kPa;淤泥质黏土 15~22kPa;黏土 63~72kPa。粉土的桩端极限端阻力为 750~1000kPa。都取平均值近似计算得:

$$R_k = (U_p \sum q_{si} L_i + q_p A_p)/K \leqslant 883.8\text{kN}$$

取较小值,故管桩单桩承载力为 883.8kN。

$$3\frac{R_a}{A_p} = 3 \times \frac{441.9}{0.1964} = 6.75\text{MPa} < f_{cu}$$

满足设计要求。

5. 褥垫层厚度的选择

褥垫层厚度过小,桩对基础产生很显著的应力集中,桩间土承载力不能充分发挥,要达到设计要求的承载力,就必须增加桩的数量或长度,虽然沉降量小,但会造成经济上的浪费;褥垫层过大会导致桩、土应力比接近 1,此时桩承受的荷载太小,这样地基承载力不会比天然地基有较大的提高,建筑物的变形会很大。经过大量的工程实践和技术、经济要求,褥垫层的厚度取 10~30cm 较好,褥垫层材料可用碎石、级配砂石(最大粒径不大于20mm)。本设计取褥垫层厚度为 30cm。

6. 布桩形式

管桩的平面布置可根据上部基础的形式布置成等边三角形或正方形。原则上,管桩可以只布置在基础范围内。为充分发挥桩间土的承载力,布桩时桩的面积置换率不宜超过 10%。本设计按正方形布桩,故纵向桩间距为 2.0m。

4.4.2 管桩-桩筏复合地基承载力检算

管桩-桩筏复合地基承载力的大小取决于桩体的置换率、上部土层和桩尖下持力层的物理力学指标等因素。《建筑地基处理技术规范》(JGJ79-2015)中规定,管桩-桩筏复合地基承载力特征值可通过下式估算:

$$f_{spk} = m\frac{R_a}{A_p} + \beta(1-m)f_{sk} \tag{4-11}$$

式中:f_{spk} 为复合地基承载力特征值(kPa);

m 为面积置换率,$m = d^2/d_e^2$;

R_a 为单桩竖向承载力特征值(kN);

A_p 为桩的截面积(m²);

β 为桩间土承载力折减系数,宜按地区经验取值,如无经验可取 0.75~0.95,重要工程或变形要求高的工程取较小值;

f_{sk} 为处理后桩间土承载力特征值(kPa),宜按当地经验取值,如无经验时可取天然地基承载力特征值。

d_e 为根桩承担的处理地基面积的等效圆直径(m)。等边三角形布桩:$d_e=1.5s$;正方形布桩:$d_e=1.13s$;矩形布桩:$d_e = 1.13\sqrt{s_1 s_2}$。

其中,s、s_1、s_2 分别为桩间距、纵向间距和横向间距。

本设计采用正方形布桩,桩径为 0.5m,桩间距为 2.0m,故:

$$d_e = 1.13s = 1.13 \times 2 = 2.26(\text{m})$$

$$m = \frac{d^2}{d_s^2} = \frac{0.5^2}{2.26^2} = 0.049$$

断面软弱土层较厚,且高铁路基对变形要求很高,故取 $\beta=0.85$,天然地基承载力取较小值:$f_{sk}=60\text{kPa}$。

所以,

$$f_{spk} = 0.049 \times \frac{636}{0.2826} + 0.85 \times (1-0.049) \times 60 \approx 159(\text{kPa})$$

由此可知,外荷载最大值为 131.02kPa,所以地基承载力满足要求。

4.4.3 管桩-桩筏复合地基总沉降计算

管桩-桩筏复合地基总沉降的计算应满足以下要求。

(1)按现行规范《建筑地基基础设计规范》(GB50007-2016)中的有关规定进行。

(2)复合土层的分层方法与天然土层的分层方法相同,但各复合土层的压缩模量等于该层土天然地基压缩模量的 ξ 倍(即 $\xi = f_{spk}/f_{ski}$),其中 f_{ski} 为第 i 层土的天然地基承载力标准值(kPa)。

(3)变形计算经验系数 φ 根据地区沉降观测资料及经验确定。

(4)地基变形计算深度除满足《建筑地基基础设计规范》(GB50007-2016)中地基变形计算深度的有关规定外,还必须大于复合土层的厚度。

1.各土层附加应力计算

路基承担的荷载来自两方面:一是路堤填土的荷载;二是轨道和列车的荷载。本设计中取换算土柱重度为:$\gamma=20\text{kN/m}^3$,则换算高度为 $h_0=2.7\text{m}$,分布宽度为 3.4m。填料重度为 $\gamma=20\text{kN/m}^3$。从行驶的列车荷载考虑,在稳定验算与沉降计算方面要区别对待。对稳定验算,失稳是在外部荷载超过地基抗剪强度的某个时刻发生的,要选择最不利的荷载组合,对双线路堤要考虑两个荷载换算土柱。从沉降变形的角度分析,沉降变形不是在某一荷载瞬间作用下完成的,因此合理的做法是考虑双线轨道荷载,而只考虑单个列车荷载的作用。

计算模型如图 4-12 所示：

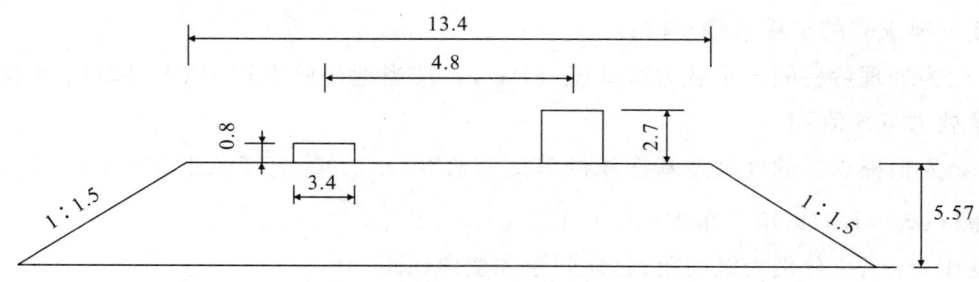

图 4-12 荷载计算模型

计算其对地基产生的附加应力时，计算的是各土层中心线上的应力。采用的是 Bussinesq 法求解，具体计算过程如下。

荷载可分解为三部分：①两侧边坡对应产生的三角形分布荷载（图 4-13）；②路堤体对应的矩形分布荷载（图 4-14）；③轨道及列车荷载对应产生的两个矩形荷载（图 4-15、图 4-16）。

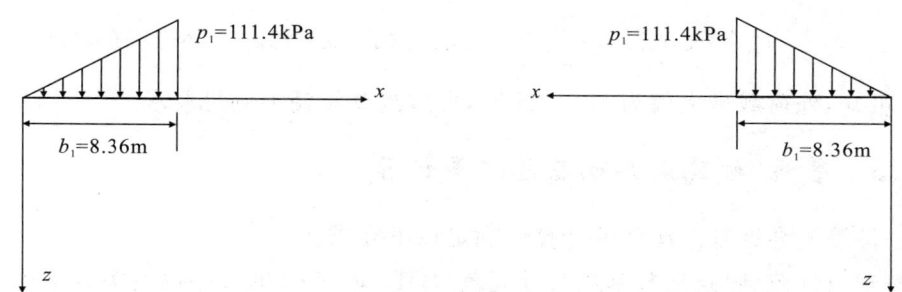

图 4-13 两侧边坡对应产生的三角形分布荷载

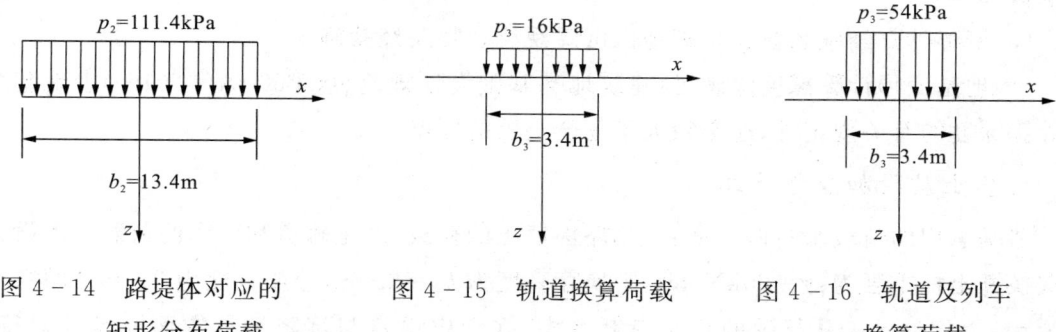

图 4-14 路堤体对应的矩形分布荷载　　图 4-15 轨道换算荷载　　图 4-16 轨道及列车换算荷载

用布辛奈斯克解计算出各应力图形产生的竖向附加应力，再叠加起来，$\sigma_{zi} = k_1 p_0 + 2k_2 p_0 + k_3 p_1$。

$$p_1 = 5.57 \times 20 = 111.4 (\text{kPa})$$

其在地基各土层顶面上产生的附加应力如表4-2所示。

表4-2 两侧边坡荷载在各土层上产生的附加应力

土层厚度(m)	三角形荷载(kPa)	x_1(m)	b_1(m)	z_1(m)	x_1/b_1	z_1/b_1	α_{z1}	σ_{z2}
0	111.4	15.06	8.36	0	1.8	0	0.00	0.00
5.20	111.4	15.06	8.36	5.2	1.8	0.62	0.05	5.57
7.50	111.4	15.06	8.36	12.7	1.8	1.52	0.09	10.0
4.53	111.4	15.06	8.36	17.23	1.8	2.06	0.088	9.8
4.20	111.4	15.06	8.36	21.43	1.8	2.56	0.083	9.2
3.73	111.4	15.06	8.36	25.16	1.8	3.01	0.08	8.9
2.84	111.4	15.06	8.36	28	1.8	3.35	0.06	6.68

路堤体对应的矩形分布荷载在地基各土层顶面上产生的附加应力如表4-3所示。

表4-3 路堤体对应的矩形分布荷载在各土层上产生的附加应力

土层厚度(m)	矩形荷载(kPa)	x_2(m)	b_2(m)	z_2(m)	x_2/b_2	z_2/b_2	σ_{z2}
5.20	111.4	0	13.4	5.2	0	0.39	98.03
7.50	111.4	0	13.4	12.7	0	0.95	62.38
4.53	111.4	0	13.4	17.23	0	1.29	50.13
4.20	111.4	0	13.4	21.43	0	1.60	42.33
3.73	111.4	0	13.4	25.16	0	1.88	37.88
2.84	111.4	0	13.4	28.00	0	2.1	34.50

轨道及列车换算土柱荷载在地基各土层顶面上产生的附加应力如表4-4所示。

表4-4 轨道及列车换算土柱荷载在各土层上产生的附加应力

土层厚度(m)	换算荷载1(kPa)	换算荷载2(kPa)	x_3(m)	b_3(m)	z_3(m)	x_3/b_3	z_3/b_3	α_{z3}	σ_{z31}	σ_{z32}	σ_{z3}
0	16	54	2.4	3.4	0	0.71	0	1.00	16.00	54.00	70.0
5.20	16	54	2.4	3.4	5.20	0.71	1.53	0.39	6.24	21.06	27.3
7.50	16	54	2.4	3.4	12.70	0.71	3.74	0.18	2.88	9.72	12.6
4.53	16	54	2.4	3.4	17.23	0.71	5.07	0.14	2.24	7.56	9.8
4.20	16	54	2.4	3.4	21.43	0.71	6.30	0.11	1.76	5.94	7.7
3.73	16	54	2.4	3.4	25.16	0.71	7.4	0.10	1.60	5.40	7.0
2.84	16	54	2.4	3.4	28.00	0.71	8.2	0.08	4.32	5.40	5.6

基底附加应力为=165.4kPa。

综上所述,各土层上总的附加应力如表4-5、表4-6所示。

表4-5 各土层附加应力

土层厚度(m)	5.20	12.70	17.23	21.43	25.16	28.00
各土层的总应力 σ_{zi}(kPa)	136.73	94.98	79.53	68.43	62.68	53.46

表4-6 各土层平均附加应力

土层编号	1	2	3	4	5
各土层的平均应力 $\bar{\sigma}_{zi}$(kPa)	151.07	115.86	87.26	73.98	65.56

2. 各土层自重应力计算

由图4-17和表4-7可知,0.1×自重应力≥各土层总应力,压缩层共6层,压缩层厚度为28m,加固区为25.6m,下卧层厚度为2.4m。

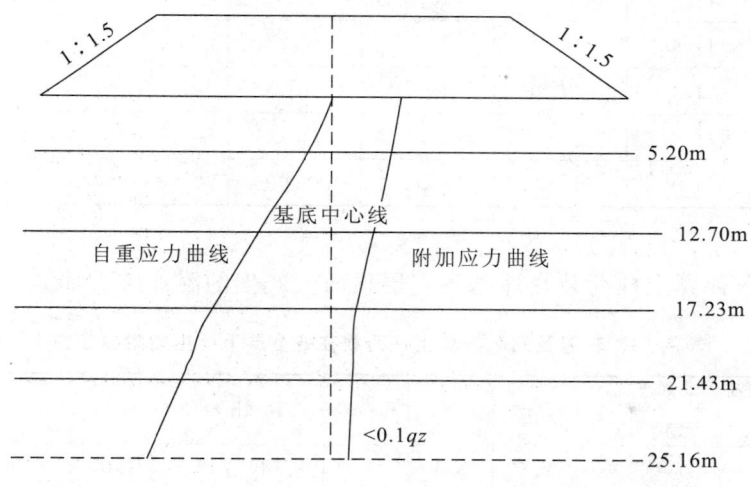

图4-17 各土层应力计算图

表4-7 各土层上原存自重应力

土层层数	1	2	3	4	5	6
土层厚度(m)	5.20	12.70	17.23	21.43	25.16	28.00
自重应力(kPa)	95.68	244.18	334.33	419.17	496.38	534.46

4.4.4 管桩-桩筏复合地基变形计算方法

复合地基的沉降变形由复合地基加固区的压缩变形 S_1 和下卧层天然地基的沉降变形 S_2 两部分组成。

1. 管桩-桩筏复合地基加固区压缩变形 S_1 的计算

复合模量法是通过复合求和计算,由桩与土的模量求出复合地基的模量,再按直接计算法求复合地基变形:

$$S_1 = \varphi \sum_{i=1}^{n} \frac{\Delta p_i}{E_{spi}} h_i \tag{4-12}$$

式中:Δp_i 为第 i 层复合土上的附加应力增量(kPa);

E_{spi} 为第 i 层复合土的复合压缩模量(kPa);$E_{spi} = mE_p + (1-m)E_{si}$,$E_p$ 为管桩的变形模量;

φ 为复合地基沉降折减系数,查表得 $\varphi = 0.57$;

h_i 为第 i 层复合土层的厚度(m)。

一般情况下,$E_p = (100-120)f_{cu,k}$,本设计取 $E_p = 120$ MPa。各土层复合模量计算如下:

当 $i=1$ 时,

$$E_{spi} = mE_p + (1-m)E_{si}$$
$$E_{sp1} = 0.049 \times 120 + (1-0.049) \times 4.5 = 10.16$$

当 $i=2,3,4,5$ 时,如表 4-8 所示。

表 4-8 各土层复合模量计算结果

E_{sp1}	E_{sp2}	E_{sp3}	E_{sp4}	E_{sp5}
10.16	14.61	14.91	16.21	19.63

根据式(4-12)计算得出各土层的平均附加应力和沉降量(表 4-9、表 4-10)。

表 4-9 各土层平均附加应力

土层编号	1	2	3	4	5
各土层的平均应力(kPa)	146.51	109.10	84.17	75.09	72.03

表 4-10　复合模量计算各土层的沉降量 S_i

土层编号	1	2	3	4	5	φ	$\sum S$
各土层的沉降量 S_i(mm)	32.12	66.28	24.6	19.1	21.43	0.57	93.21

2. 下卧层天然地基的沉降变形量 S_2 计算

下卧层天然地基的沉降常采用分层总和法。但在具体计算时作用在下卧层上的荷载是比较难精确计算的。

本设计采用压力扩散法公式进行计算：

$$\sigma_x = \frac{B_p}{B + 2h\tan\beta}$$

研究表明，该公式虽然同双层地基中压力扩散法计算第二层土上的附加荷载计算式相同，但复合地基中扩散角与双层地基中压力扩散角数值不同。且扩散角的不确定性很容易引起计算结果发生较大的偏差。

两个矩形荷载考虑扩散角，两侧边坡三角形荷载不考虑扩散角。扩散角 β 一般取值范围为 30°~45°，为了安全起见本设计中取 30°。

具体计算过程如下。

表 4-11　考虑扩散角的下卧层附加应力

长方形荷载(kPa)	B(m)	h(m)	σ_1(kPa)
111.4	13.4	24.5	35.8
111.4	13.4	26.5	34.0
111.4	13.4	28.0	32.6

表 4-12　考虑扩散角的下卧层附加应力

列车换算荷载(kPa)	B(m)	h(m)	σ_2(kPa)
54	3.4	24.5	5.8
54	3.4	26.5	5.4
54	3.4	28.0	5.2

根据表 4-11、表 4-12，每个土层底面的附加应力为：

在 14.5m 处，$p_1 = 35.8 + 5.8 + 4.32 \times 2 = 50.24 (\text{kPa})$

在 16.5m 处，$p_2 = 34.0 + 5.4 + 4.21 \times 2 = 47.82$ (kPa)

在 18.0m 处，$p_3 = 32.6 + 5.2 + 4.12 \times 2 = 46.04$ (kPa)

计算第 i 层平均附加压力：$\overline{\sigma_{zi}} = \frac{1}{2}(\sigma_{z(i-1)} + \sigma_{zi})$

当 $i = 1$ 时；$\overline{\sigma_{z1}} = 1/2(50.24 + 47.82) = 49.03$ (kPa)

当 $i = 2$ 时；$\overline{\sigma_{z2}} = 1/2(47.82 + 46.04) = 46.93$ (kPa)

下卧层土体压缩量 S_2 为：$S_2 = \sum_{i=1}^{n} \frac{\overline{\sigma_{zi}}}{E_{si}} h_i$，$n = 2$，$h_i = 2\mathrm{m}$，$E_s = 14.46\mathrm{MPa}$

计算结果为：$S_2 = 49.03/14.46 \times 2 + 46.93/14.46 \times 2 = 13.27$ (mm)

故总沉降 $S_总 = S_1 + S_2 = 93.21 + 13.27 = 106.48$ (mm)

4.4.5 固结系数的测定及固结度的计算

在固结理论的分析计算中，其精度主要取决于综合反映土的压缩性和渗透性的固结系数 C_V 值。

1. 竖向固结系数 C_V 的确定（时间平方根法）

单向固结过程可以通过室内固结试验来描述。单向固结的两个理论公式：

当 $U < 0.6$ 时，$U = 1.28\sqrt{T_V}$

当 $U > 0.6$ 时，$U = 1 - \frac{8}{\pi^2} e^{-\frac{\pi^2}{4} T_V}$

根据上述公式，可以绘制理论曲线，在固结度小于 0.6 之前，两个公式的计算结果非常接近，$U - \sqrt{T_V}$ 成线性关系；当固结度大于 0.6 时，两者的计算结果有差异。当 $U = 90\%$ 时，理论上 $\sqrt{T_{V90}} \approx 1.15 \cdot \sqrt{T'_{V90}}$。根据这个关系，可按下列步骤求 C_V。

(1) 在一定压力下测得：

$$t_i: t_1, t_2, t_3, \cdots$$
$$h_i: h_1, h_2, h_3, \cdots$$

(2) 以土样厚度 h(mm) 为纵坐标，以时间 $\sqrt{t}$(min) 为横坐标，绘制曲线（图 4-18）。

(3) 延长 $\sqrt{t}-h$ 曲线中前一部分的直线段与纵坐标交于 o' 点，记此直线为 $o'A_1$，o' 点相当于 $U = 0$ 的位置，$o'o$ 段是由于土中含少量空气（未达到 100% 饱和）压缩产生的初始沉降。

(4) 过 o' 点作直线，使其横坐标为 $o'A_1$ 的 1.15 倍，该直线与实测曲线 oaA 交于 a 点，再过 a 点作横线与纵坐标交于 b 点，b 点相当于 $U =$

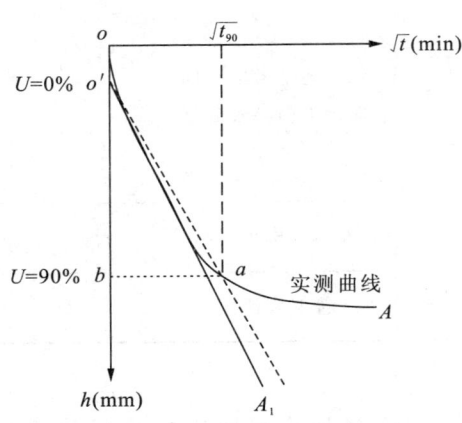

图 4-18 土样厚度与时间关系曲线

90%的位置,作竖线与横坐标相交,即为 $U=90\%$ 时的时间平方根值 $\sqrt{t_{90}}$。当 $U=90\%$ 时,由理论公式得 $T_V=0.848$。

由

$$T_V = \frac{C_V \cdot t}{H^2}$$

得

$$C_V = T_V \cdot \frac{H^2}{t}$$

$$C_V = 0.848 \cdot \frac{H^2}{t_{90}}$$

上式中 H 若为双面排水,则为土样厚度的一半,可取沉降前后厚度的平均值。固结系数确定的方法很多,时间平方根法是最常用的方法。

2．水平向固结系数

当土层中发生水平向排水,计算水平向固结时,需要测定土的水平向固结系数 C_h,最简单的方法是将土样转 90°,切成一个竖向土样,进行常规的固结试验,再按竖向固结系数整理方法测得水平向固结系数。这种方法虽然比较简单,但与实际情况相差很大。各种排水条件及其相应的固结度计算公式见表 4-13。

表 4-13　不同条件下平均固结度计算公式

序号	条　件	平均固结度计算公式	备　注
1	竖向排水固结（$\bar{U}_z > 30\%$）	$\bar{U}_z = 1 - \frac{8}{\pi^2} e^{-\frac{\pi^2 C_V}{4H^2}t}$	$C_V = \frac{k_v(1+e)}{a_v \gamma_w}$ C_V 为竖向固结系数
2	内径向排水固结	$\bar{U}_r = 1 - e^{-\frac{8}{F(n)}\frac{C_h}{d_e^2}t}$	C_h 为水平向固结系数 d_w 为砂井的直径 d_e 为一个砂井影响范围的直径
3	砂井地基考虑竖向和水平向排水固结	$\bar{U}_{rz} = 1 - \frac{8}{\pi^2} \cdot e^{-(\frac{8}{F(n)}\frac{C_h}{d_e^2} + \frac{\pi^2 C_V}{4H^2})t}$ $\approx 1 - \frac{8}{\pi^2} e^{-\frac{8}{F(n)}\frac{C_h}{d_e^2}t}$	$n = \frac{d_e}{d_w}$ $F(n) = \frac{n^2}{n^2-1}\ln(n) - \frac{3n^2-1}{4n^2}$
4	外径向排水固结	$U_\rho = 1 - 0.692 e^{-\frac{0.578 C_h}{R^2}t}$	R 为土柱体的直径
5	普遍表达式	$\bar{U} = 1 - \alpha \cdot e^{-\beta \cdot t}$	

3．逐渐加荷条件下地基固结度的计算

以上计算固结度的理论公式都是假设荷载是一次瞬间加足的。在实际工程中,荷载总是分级逐渐施加(图 4-19)。因此,根据上述理论方法求得的固结时间关系或沉降时间关系都必须加以修正。修正方法有改进的太沙基法和改进的高木俊介法。

(1) 改进的太沙基法。对于分级加荷的情况,太沙基的修正方法是假定:

(a) 每一级荷载增量 p_i 所引起的固结过程是单独进行的,与上一级荷载增量所引起的固结度完全无关;

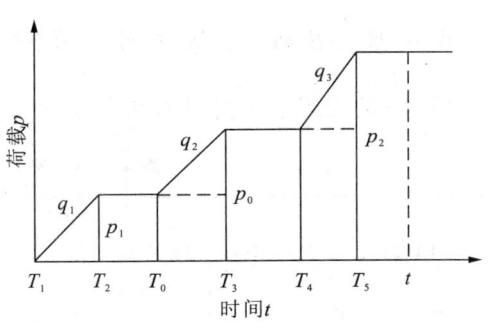

图 4-19　逐渐加荷与时间关系曲线

(b) 总固结度等于各级荷载增量作用下固结度的叠加;

(c) 每一级荷载增量 p_i 在等速加荷经过时间 t 的固结度与在 $t/2$ 时的瞬时加荷的固结度相同,即计算固结的时间为 $t/2$。

(d) 在加荷停止以后,在恒载作用期间的固结度,即时间 t 大于 T_i(此处 T_i 为 p_i 的加载期)时的固结度和在 $\dfrac{T_i}{2}$ 时瞬时加荷 p_i 后经过时间 $\left(t-\dfrac{T_i}{2}\right)$ 的固结度相同;

(e) 所算得的固结度仅是对本级荷载而言,对总荷载还要按荷载的比例进行修正。

对多级等速加荷,修正通式为:

$$\overline{U}_t = \sum_{i=1}^{n} \overline{U}_{rz}\left(t - \frac{T_{n-1}+T_n}{2}\right) \cdot \frac{\Delta p_n}{\sum \Delta p} \tag{4-13}$$

式中:$\overline{U}_t$ 为多级等速加荷,t 时刻修正后的平均固结度;

$\overline{U}_{rz}$ 为瞬时加荷条件的平均固结度;

T_{n-1}、T_n 分别为每级等速加荷的起点和终点时间(从时间0点起算)。当计算某一级加荷期间 t 的固结度时,则 T_n 改为 t;

Δp_n 为第 n 级荷载增量,如计算加荷过程中某一时刻 t 的固结度时,则用该时刻相对应的荷载增量。

(2) 改进的高木俊介法。该法是根据巴伦理论,考虑变速加荷使砂井地基在辐射向和垂直向排水条件下推导出砂井地基平均固结度的。其特点是不需要求得瞬时加荷条件下地基固结度,而是可直接求得修正后的平均固结度,即:

$$\overline{U}'_t = \sum_{i=1}^{n} \frac{q_n}{\sum \Delta p}\left[(T_n - T_{n-1}) - \frac{\alpha}{\beta}e^{\beta \cdot t}(e^{\beta T_n} - e^{\beta T_{n-1}})\right] \tag{4-14}$$

式中:$\overline{U}'_t$ 为 t 时多级荷载等速加荷修正后的平均固结度(%);

$\sum \Delta p$ 为各级荷载的累计值;

α、β 为常数,可查表;

q_n 为第 n 级荷载的平均加速度率(kPa/d);

T_{n-1}、T_n 分别为各级等速加荷的起点和终点时间(从零点起算),当计算某一级等速加荷过程中时间 t 的固结度时,则 T_n 改为 t。

4.4.6 管桩-桩筏工后沉降计算

管桩-桩筏工后沉降计算参数见表4-14。

表4-14 管桩-桩筏工后沉降计算参数

土层名称	E_s(MPa)	$k(\times 10^{-7}\text{cm/s})$	$m_V=E_s^{-1}$	一般饱和黏性土的重度 γ(kN/m³)	$C_V=\dfrac{K}{m_V \cdot \gamma_\omega}$ (cm²/s)
Qh^{al}粉质黏土	4.50	0.25	0.222	18.4	0.006 120
Qp^{3al}粉质黏土	9.18	0.7	0.109	19.8	0.003 243
Qp^{3al}粉质黏土	9.50	2.07	0.105	19.9	0.099 060

固结系数:$C_V=\dfrac{K}{m_V \cdot \gamma_\omega}$

在《铁路特殊路基设计规范》(TB10035-2006)中,建议多层土层的固结系数采用各个土层固结系数的加权平均值。

$$C_{V桩}=\dfrac{5.2\times 0.06+7.5\times 0.032+4.53\times 0.099}{5.2+7.5+4.53}=0.058(\text{cm}^2/\text{s})$$

取下卧层平均固结系数 $C_{V下}=0.27\text{cm}^2/\text{s}$。根据以上计算,$H_1=24.5\text{m}$,$H_2=3.5\text{m}$。取工期 $t=1$ 年 $=3.15\times 10^7\text{s}$

求得等价厚度 $H=\sqrt{\dfrac{C_{V下}}{C_{V桩}}\times H_1^2}=\sqrt{\dfrac{0.27}{0.058}\times 24.5^2}=21.4$

求出 $U_{合}^t=1-\dfrac{8}{\pi^2}e^{-\frac{\pi^2}{4}T_V}=1-\dfrac{8}{\pi^2}e^{-\frac{\pi^2}{4}\times 1.43}=93.5\%$

因此,工后沉降 $S_{后}=S_{总}\times(1-U_{合}^t)=107.67\times(1-93.5\%)=6.998(\text{mm})\leqslant 15\text{mm}$,满足本路段的技术要求。

当工期取8个月时,即 $t=8$ 个月 $=2.1\times 10^7\text{s}$

求得等价厚度 $H=\sqrt{\dfrac{C_{V下}}{C_{V桩}}\times H_1^2}=\sqrt{\dfrac{0.27}{0.058}\times 24.5^2}=21.4$

$$T_V=\dfrac{C_{V下}}{(H+H_2)^2}\times t=\dfrac{0.27}{(28+3.5)^2}\times 10^{-4}\times 2.1\times 10^7=0.95$$

$$U_{合}^t=1-\dfrac{8}{\pi^2}e^{-\frac{\pi^2}{4}T_V}=1-\dfrac{8}{\pi^2}e^{-\frac{\pi^2}{4}\times 0.95}=89.3(\%)$$

因此,工后沉降 $=107.67\times(1-89.3\%)=11.52\text{mm}\leqslant 15\text{mm}$,满足本设计要求。

第五章　路桥过渡段沉降处理技术

路桥过渡段作为刚性桥台与柔性路堤的结合部位,在结构上是塑性变形和刚度的突变体,一直是路基工程的薄弱环节。我国既有线路提速后的轨检测试结果表明:许多线路桥头都存在严重的轨道动态不平顺,甚至有跳车现象。高速铁路为保证高速列车的平稳、舒适运行,在路基和桥梁之间设置了一定长度的过渡段,以实现路基与桥梁的平稳连接过渡,从而使轨道的刚度逐渐变化,并最大限度地减少路桥间的沉降差。

为保证路桥过渡段的施工质量,必须从过渡段的地基条件、软基处理方法、填料选择、压实标准、质量检测等方面采取措施。本章通过京广高速铁路 7 个路桥过渡段的施工实践,对路桥过渡段施工的关键工艺进行了探讨。

5.1　京广高铁施工实践

5.1.1　过渡段的结构设计及质量标准

1. 路桥过渡段的结构形式

路桥过渡段的填料为掺加 5% 水泥的级配碎石,纵断面为一倒梯形,每个过渡段倒梯形的坡比不同。

2. 设计填筑标准

过渡段采用倒梯形,分层填筑掺加 5%(重量比)的 PO32.5 级普通硅酸盐水泥的级配碎石。

压实标准满足 $K_{30} \geqslant 150 \text{MPa/m}$,$E_{vd} \geqslant 50 \text{MPa}$ 和孔隙率 $n < 28\%$。

碎石的级配范围应满足以下要求:颗粒中针状、片状碎石含量不大于 20%;质软、易碎的碎石含量不得超过 10%;黏土团及有机物含量不得超过 2%。

5.1.2　施工工艺流程及填筑参数的确定

1. 施工工艺流程

过渡段填筑的施工工艺流程见图 5-1。由于砂砾料的碾压参数已经在路基填筑时确定,故在确定过渡段的工艺参数时,仅确定水泥级配碎石的施工参数。

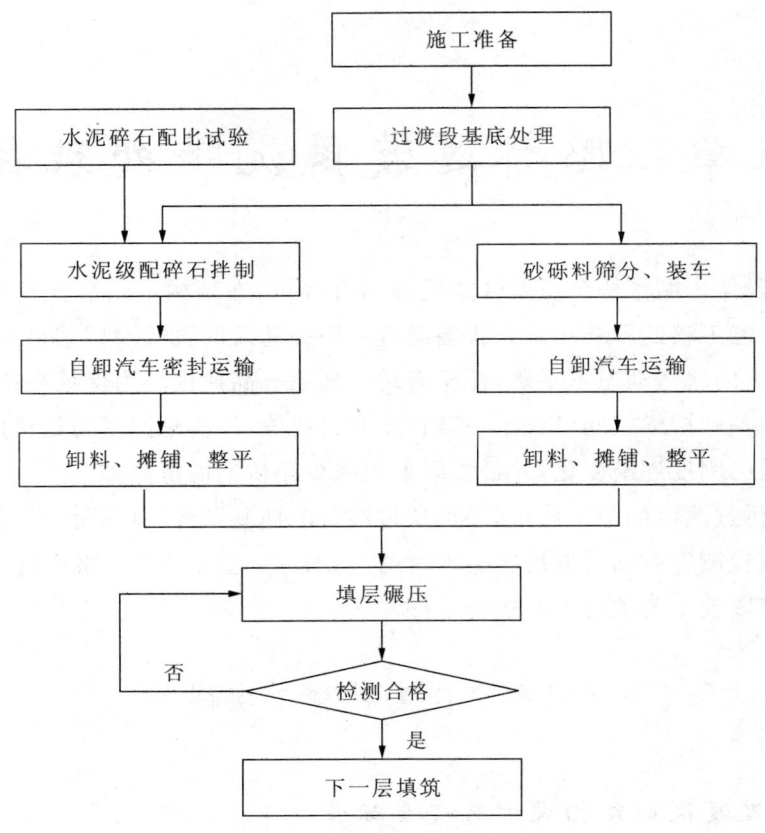

图 5-1 过渡段填筑工艺流程图

2. 施工准备

(1) 现场准备。对过渡段进行现场调查,了解道路情况,对不满足运输条件的道路进行整治。调查现场的地形、地质情况,是否有妨碍施工的障碍物,对过渡段范围内的地下管线、各类垃圾、软基进行妥善处理。

(2) 技术准备。收到施工图后审核施工图,核对施工图中过渡段的尺寸、位置、高程,与其他结构物的关系,理清前后工序的衔接。编制过渡段施工组织设计。针对每个过渡段编制技术交底书,对施工队伍进行技术交底。

(3) 物资准备。水泥、石子、石粉的质量要满足设计及规范要求,摊铺碾压的工装设备要齐全并保证状态良好,以确保过渡段施工的连续性。试验检测仪器要齐全,满足试验检测的要求。

3. 基底处理

基底处理有两种:桥台基坑基底处理和原地面基底处理。桥台基坑由于工作面小,在人工清理完基坑内的杂物及松散料后,采用 BW75 小型振动碾进行碾压,碾压后的基底要

达到 $K_{30} \geqslant 60\mathrm{MPa/m}$,由试验室检测确定。

根据设计图纸的要求,桥台基坑可以采用级配碎石或 C15 混凝土回填。考虑到桥台基坑回填作业面小,故采用 C15 混凝土回填。原地面在清表后,采用 YZ26 型振动碾进行碾压,碾压后的基底要达到 $K_{30} \geqslant 60\mathrm{MPa/m}$,由试验检测确定。

4. 级配碎石配合比的确定

填料掺配比例由实验室试验确定,最终的实验室配比为石粉(粒径 0～5mm):小石(粒径 5～10mm):中石(粒径 10～20mm):大石(粒径 20～31.5mm)=50:20:15:15,水泥掺加量为以上几种重量的 5%。利用混凝土拌和站,根据试验配比掺拌级配碎石。最大粒径选用 31.5mm 是为了与拌和站粗骨料粒径相对应,以方便水泥级配碎石的拌制。

5. 台背渗水墙的砌筑

桥台与路基结合部设 10cm 厚的渗水墙,渗水墙采用无砂混凝土块砌筑,底部设软式通水管,将渗流水横向排出。

6. 水泥级配碎石的拌制与运输

按照设计图纸的要求,采用 PO42.5 水泥。水泥级配碎石利用混凝土拌和站进行集中拌制,拌制前石粉和碎石要检验合格,按照实验室确定的配合比进行拌制。由于级配碎石中掺加了水泥,故要求在 2h 内碾压完毕;若每层级配碎石填筑量大,则需要建立专门的级配碎石拌和站;若每层级配碎石填筑量较小,可利用混凝土拌和站进行拌制。将拌制好的水泥级配碎石采用 15t 自卸汽车运输,装料时汽车要前后移动,使拌和料装车时不致产生离析。运输过程中,采用防水篷布覆盖,以免运输过程中水分蒸发散失。

7. 填料的摊铺及碾压

(1)摊铺厚度的确定。在级配碎石摊铺前,先把经筛分后的合格砂砾料按设计边界摊铺完毕,先摊铺砂砾料的目的是缩短水泥级配碎石摊铺碾压的时间。将水泥级配碎石运到过渡段,计算卸料的密度,采用推土机粗平、平地机精平。根据设计及规范的要求,采用大型压路机械碾压时,每层最大压实厚度不宜超过 30cm,最小压实厚度不宜小于 15cm。采用小型振动压实设备碾压时,填料的虚铺厚度应不大于 20cm。在距桥台 2m 范围内宜采用小型碾压设备。根据设计及规范要求,为达到大型和小型设备的匹配,在距桥台 2m 范围内采用小型振动碾碾压,摊铺厚度确定为 15cm;在距桥台 2m 以外的范围采用大型振动碾碾压,摊铺厚度确定为 30cm。

(2)碾压机械的确定。高速铁路过渡段对水泥级配碎石的压实要求很高,规定有最大和最小压实厚度,这就决定了压实机械的选型必须适宜。压实机械过大,会因最大压实厚度的限制而不能充分发挥机械的性能;压实机械过小,则碾压遍数必然增加,导致经济效益差。根据设计压实标准,结合现场实际并借鉴铁路已有的经验,大型压实机械选用三一重工 YZ26C 型振动压路机 1 台,工作重量 25.3t;激振力:高振幅时 440kN、低振幅时

240kN；振动轮宽 2.17m；振动频率：弱振 35Hz，强振 30Hz；振幅：弱振 0.9mm，强振 1.8mm；行驶速度为 0～10.2km/h，工作速度为 0～6.5km/h。小型压实设备选用 BW75 型振动碾，碾压桥台 2m 范围内的过渡段。

(3) 过渡段碾压原则。过渡段的碾压采用大、小型振动机械结合的方式进行，除桥台背后 2m 范围内采用小型振动机械碾压外，其余部位尽量采用大型振动机械碾压。碾压时，先静压后振压，先慢后快，先弱振后强振。直线段由两侧向中间，曲线段由内侧向外侧。碾压时大型振动机械横向轮迹重叠不少于 40cm，小型振动机械横向轮迹重叠不少于 1/3 轮宽。做到无漏压，无死角，碾压均匀。

(4) 碾压遍数的确定。根据"先静压后振压，先慢后快，先弱振后强振"的原则，在进行过渡段水泥级配碎石的碾压过程中设定了以下碾压模式：在碾压设备 2～3km/h 的行进速度下，静压 1 遍，弱振 1 遍，强振 X 遍。其中 X 为需要通过试验确定的强振碾压遍数。刚开始进行强振碾压时，碾压质量肯定不满足设计要求，故确定在强振 4 遍后进行压实指标的检测，即 $X \geqslant 4$。初步设定 $X=4、6、8$。根据检测结果再确定其他碾压组合。试验室在强振 X 遍后对过渡段进行检测，K_{30}、E_{vd}、E_{v2}、N 各检测 3 处，其中大型振动压路机检测 2 处，小型振动压路机检测 1 处。各种碾压组合检测结果见表 5-1。

表 5-1 各种碾压组合检测结果

碾压组合	检测项目	检测点数（第 3 点位小型振动碾压数据）		
		1	2	3
静压 1 遍+弱振 1 遍+强振 4 遍	N	26	25	25
	E_{vd}(MPa)	41.7	44.7	38.6
	K_{30}(MPa/m)	136	112	92
静压 1 遍+弱振 1 遍+强振 6 遍	N	18	19	18
	E_{vd}(MPa)	50.2	49.2	43.1
	K_{30}(MPa/m)	128	120	113
静压 1 遍+弱振 1 遍+强振 8 遍	N	12	12	12
	E_{vd}(MPa)	56.1	56.1	55.6
	K_{30}(MPa/m)	192	200	184

从表 5-1 中可以看出：在强振 4 遍、6 遍后，只有 N 全部合格，E_{vd} 有 1 点合格，其余参数均不合格；强振 8 遍后，所有参数均合格，个别项目远超设计值，疑与水泥级配碎石已硬化有关，需要再进行试验。另外，强振后的水泥级配碎石表面有开裂，存在不密实现象，需要增加一遍静压，以压实表面。第四次试验直接采用"静压 1 遍+弱振 1 遍+强振 8 遍+静压 1 遍"的组合，碾压完毕立即进行试验检测（表 5-2），以免水泥级配碎石硬化影响检测结果。

表 5-2 第四次碾压组合检测数据

碾压组合	检测项目	检测点数（第3点位小型振动碾压数据）		
		1	2	3
静压1遍+弱振1遍+ 强振8遍+静压1遍	N	12	13	12
	E_{vd}(MPa)	55.9	56.3	54.1
	E_{v2}(MPa)	258.4	261.1	250.3
	K_{30}(MPa·m)	188	181	177

从表 5-2 中的数据可以看出：采用"静压1遍+弱振1遍+强振8遍+静压1遍"的碾压组合，各项检测指标均满足设计要求，个别参数远大于设计要求。从施工过程来看，水泥级配碎石从拌制完毕到碾压完成的时间基本控制在 2h 内，水泥水化的影响基本可以消除，故检测数据真实地反映了碾压后的质量状态。在强振后增加1遍静压，消除了水泥级配碎石的表面开裂，使碾压后的表面更加密实。

8.过渡段填筑最终工艺参数

根据试验结果，采用以下参数作为过渡段的施工参数：采用 YZ26 和 BW75 作为碾压机械，行走速度为 2~3km/h。YZ26 采用 30cm 的虚铺厚度，BW75 采用 15cm 的虚铺厚度，碾压全部采用"静压1遍+弱振1遍+强振8遍+静压1遍"组合。

路桥、路涵过渡段检测数据：孔隙率 n 为 18%；E_{vd} 为 1602，K_{30} 为 206MPa。检测数据全部合格。

5.1.3 碾压效果分析

根据施工过程中对压实质量的检测及填筑完成后的沉降观测表明，采用选定的机械和碾压参数施工的过渡段质量满足设计及规范要求，而且经过比选后的机械和碾压参数组合，最大限度地发挥了机械的效率，在以后类似的工程中具有借鉴意义。

在今后的工程中应注意以下几个方面。

(1)桥台后 2.0m 范围内采用小型振动压实设备碾压，桥台后 2.0m 范围外的区域采用大型压路机械碾压。

(2)水泥级配碎石混合料宜在 2h 内使用。

(3)填筑时按照拟定的摊铺厚度、压实机械、碾压组合进行施工。

(4)当个别点检测指标达不到设计要求时，要分析其原因并及时进行整改。

(5)涵洞两侧的过渡段填筑可采用路桥过渡段的参数进行施工，但要注意涵洞两侧对称施工。

(6)涵洞两侧过渡段施工应尽量采用大型机械碾压,在靠近涵洞的位置应注意不要让机械破坏涵洞外的防水层。对于大型机械碾压不到的部位,采用小型压实机械碾压。

(7)涵洞顶部填土小于1m时,不可采用大型机械碾压。

5.2 高速铁路路桥过渡段变形原因分析

铁路路基与桥梁的连接处一直是路基工程的薄弱环节。我国既有线路提速后的轨检测试表明,许多线路桥头都存在严重的轨道动态不平顺,甚至有跳车现象。高速铁路为消除刚性桥台与柔性路基的沉降变形差及两者的悬殊刚度差异,保征高速列车的平稳舒适运行,在路基与桥梁连接处一定长度范围内设置路桥过渡段,以实现路基与桥梁的平稳连接过渡。

高速铁路和铁路路桥过渡段出现跳车现象,会严重影响行车安全。在铁路路桥过渡段由于跳车原因,将产生道碴翻浆、路基下沉变形、线路部件损坏、轨面变化等严重的线路病害。路桥过渡段存在着程度不等的跳车现象,而产生这一现象的主要原因有以下几个方面。

1. 地基条件的原因

现在许多既有线路是修筑在地基条件较差,并未经很好处理的软地基土上。在软土基上路桥过渡段的路和桥的工后沉降量是不同的,在路基过渡处必然有沉降差。路桥过渡段由于结构要求,桥头路基填筑高度较大,产生的基础应力也较高,因此在路桥过渡段产生的沉降较其他路段大些。由于地基上的性质及结构的不同,产生的沉降和沉降达到的稳定所需要的时间是不同的。粉质土地基和中、低压缩性的黏土地基,全部完成沉降需要几年的时间;高压缩性黏土地基、饱和软黏土地基,全部完成沉降需要十几年甚至几十年的时间。因此,地基工后沉降是地基造成桥头跳车的成因。

2. 桥台后路堤填料的原因

桥台后路堤填料一般全用的是填土。由于施工原因,往往作业面相对狭小,碾压质量不易控制,压实度达不到设计要求。即使在施工时压实度全部达到设计要求,而在运营时路堤填土本身的自重和动荷载的作用,都将使路堤填土进一步压缩变形。这种变形是填土高度的$(0.59/6)\sim 1$,使得路桥过渡处出现沉降差。桥台前的防护工程由于受到土压力的水平作用,将产生一定的水平位移,会使路桥过渡处的路基出现一定的沉降变形。路桥过渡处常会产生细小的伸缩裂缝,经过地表水或是雨水的渗透后,会使路基填土出现病害,强度降低,产生沉降;或由于水的渗透流动带走填料中的细颗粒土,使得路桥过渡处出现沉降变形。

3. 设计及施工的原因

以往在设计中没有把路桥过渡段作为一种结构物来考虑,没有较合理的设计要求。

设计时对路桥过渡段的施工碾压过程考虑不周,对填料的要求不严格,桥台后排水设计不周,这些因素都将影响施工质量。在施工时对工期和工序安排不当,致使路桥过渡段的填土碾压工作安排在施工工期的尾部,为追赶工期,不能够很好地控制填土压实质量,使得填土本身出现沉降变形。施工时对路桥过渡段的回填料不按设计要求填筑,采用不良的填料,或者碾压厚度超过要求,或者压实度达不到设计要求,造成质量缺憾。施工时碾压机械配置欠佳,压实功率不够,又没有进行分层质量检查,使得压实质量控制达不到要求。

4. 重桥轻路意识的原因

在设计及施工中重桥轻路的意识是影响路桥过渡段施工质量的又一因素。以往在铁路建设工程中,桥梁建设不仅工程量巨大,投资多,而且有时还是保证线路正常通车的关键。从以往的施工过程来看,往往是路桥分家,重桥轻路。桥梁施工集中了大量精干的工程技术人员,而路基施工未能投入必要的技术人员。在施工中路桥过渡段又是质量控制的薄弱环节,往往在铺轨架桥时,或正常运营一段时间后路桥过渡段的问题才能显现出来。

5. 路基与桥台结构差异的原因

桥台一般是刚性的,而路基是柔性的。由于这两种结构的差异,在路桥过渡段内,当受到动荷载作用时,在刚柔之间必然存在着沉降差。路桥过渡段由于刚性不同、自重不同、强度不同,在外力作用下又是应力集中的区域,因此是影响线路运营的薄弱环节。路基与桥墩相比,路桥过渡段桥台的水平稳定性更是处于不利的位置。桥台前后由于荷载条件不同,桥台前没有荷载,桥台后有填土的水平土压力的作用,使桥头受到较大的水平推力。若在设计和施工时没有相应的措施,往往会造成事故,如软基上出现的桥台位移、桩基剪断等。

6. 轨道技术状态的因素

高速铁路要求轨上竖向综合刚度保持均匀一致,即桥上的竖向刚度与路基上的竖向刚度保持一致。桥上是有砟轨道还是无砟轨道,路桥过渡段内轨枕垫刚度匹配与否,都与传递到路基及桥头上冲击作用力的大小有关。

5.3 路桥过渡段的处理方法

近年来,随着高速铁路建设的迅猛发展,一些用来处置公路桥头跳车的方法被铁路方面越来越多地借鉴。

5.3.1 桥头设搭板和枕梁

上置式钢筋混凝土搭板是搭板立面布置的基本形式,图5-2为公路处理桥头跳车最常用的形式。它一端支撑在桥台上,另一端简支于枕梁上。搭板既可水平放置,也可倾斜放置。板厚可均匀,也可渐变。搭板的设计按简支板进行,枕梁按弹性地基梁计算。搭板

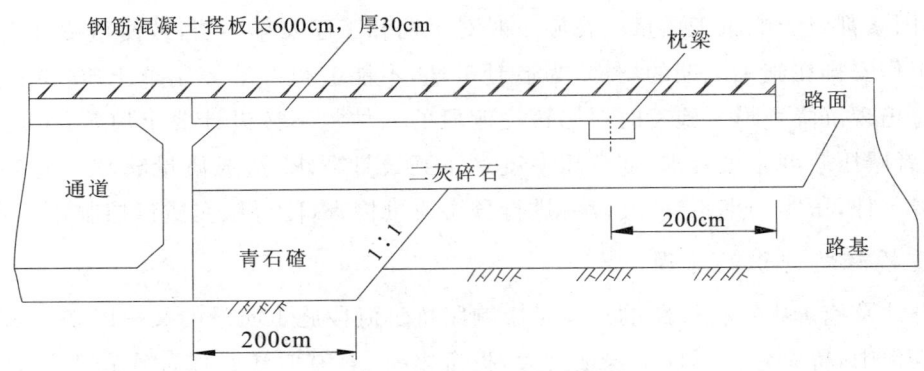

图 5-2 桥头设搭板和枕梁

的长度一般都小于 10m,以 5~6m 最多,个别情况可达 15m。

5.3.2 粗粒级配料填筑

将级配粗粒料(如碎石、砂砾石、水泥石灰稳定砂石土、低等级混凝土等)用于路桥过渡段的填筑,无论是铁路系统,还是公路系统,都是一种最常用的减小路桥间沉降差的处理方法。

1. 施工步骤及方法

(1)清理基坑及压实。台后基坑往往是不规则的,一般都偏小,必须按要求的尺寸进行清理。基坑尺寸合格后,应及时进行基底压实。无法使用压路机时,可用质量为 300~700kg 的小型手推式电动打夯机压实。压实合格后,方准正式填筑。

(2)填筑青石碴。每层青石碴的松铺厚度应小于或等于 20cm,并摊铺均匀。整平后,用质量为 500~700kg 的小型手推式电动打夯机压实。至没有明显碾压痕迹后,用灌沙法测定干容重。若合格,则转入下一层,直至达到要求的标高。

(3)填筑二灰碎石。每层二灰碎石的松铺厚度应小于或等于 20cm。含水量适宜的混合料采用集中机拌,运至工地摊铺、整平,用 12~15t 的压路机慢速碾压。对于边角部位,可用质量为 500~700kg 的小型手推式打夯机补压。质量合格后,即可转入下一层。

2. 处理效果

该工程建成通车后,日平均交通量在 1 万辆以上。经多次现场观测,未发生异常情况,基本成功地解决了跳车问题。

5.3.3 加筋土路基结构

实验研究表明,使用加筋土路基结构来处理桥台跳车有两大作用:一是能大大减小桥背路基的沉降;二是能将桥背土路基与桥台交界处的台阶式跳跃沉降变成连续斜坡式沉

第五章 路桥过渡段沉降处理技术

降。一般认为,只要是连续性斜坡式沉降,且总沉降在 4～5cm 之内,就能消除跳车现象。

图 5-3 和图 5-4 为试验利用 Netlon 土工网(CE131)进行桥台跳车处理的两种情况。

图 5-3 中桥台路基下的土质为中风化红砂岩,桥背的填土为红砂岩风化土(表 5-3),桥台为砌块 U 型台。南岸按常规用钢筋混凝土搭板处理,搭板两端置于桥台与硬土路基上(图 5-3)。搭板厚度约为 30cm,长为 12.5cm,搭板下路基填土设计压实度要求大

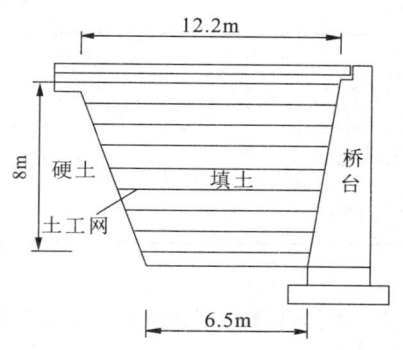

图 5-3 土工网处理桥台跳车情况(湘潭段)

于 90%。北岸用土工网处理,填土压实度要求大于 85%。铺设土工网的工程费与搭板部分持平。采用沉降管穿过混凝土路面结构测试路基土表面的沉降。1 年多的沉降观测表明,南北两岸桥背路基沉降趋于稳定。北岸用 Netlon 土工网处理后,路基沉降不仅大大减小,且呈平稳过渡,总沉降只有几毫米,完全达到了处理桥台跳车的目的。而南岸桥背路基的沉降不仅比北岸大得多,且呈跳跃性变化,并已造成桥台两侧耳墙的变形。

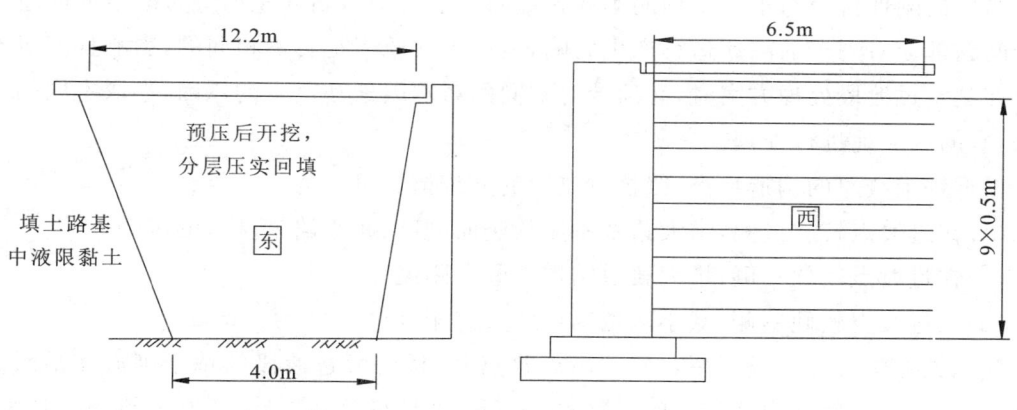

图 5-4 土工网处理桥台跳车情况(株洲段)

图 5-4 为某桥施工情况,桥台为砌块式 U 型台,地基土为中液限黏土,桥背填土为砂卵石黄土(表 5-3),砂卵石含量小于 30%。东桥台桥背是将地基土进行堆载预压后,再作开挖回填处理。回填时采用人工分层压实,压实度要求大于 90%。路面搭接作钢筋混凝土搭板。西桥台桥背为直接加铺土工网分层压实,设计压实度为大于 85%,做素混凝土路面。东、西两桥台处理跳车的工程费用基本相同。经过观测路基表面沉降,未加土工网的东台中线沉降 1.9cm,最大沉降为 8.3cm,且呈台阶式跳跃变化。西台桥背填土中铺加土工网后,中线沉降为 0.2cm,最大沉降为 0.4cm。由此不难看出,土工网不仅能减小总沉降,而且能使其沉降呈线性连续变化。

表 5-3　桥背路基填土的基本物理参数

土类名称	天然含水量(%)	天然容重(g/cm³)	密度(g/cm³)	液限(%)	塑限(%)	最大干容重(g/cm³)	最佳含水量(%)
红砂岩风化土	22.8	1.78	2.70	36.3	22.0	1.883	13.5
砂卵石黄土	12.1	2.10	2.74	32.1	19.7	2.170	7.8～9.7

从理论上讲,单纯的路基沉降都可以通过施工方法和施工管理进行改进,以及出现沉降后的路面养护和补强等措施逐渐消除,但实际效果并不理想。因此,还应从结构上去寻找原因,并采取必要的措施加以改进。

5.4　过渡段处理注意事项

铁路路桥过渡段的处理有两个问题:一是受到列车荷载影响较大的范围内(基床以上部分)线路结构抵抗变形能力差异的问题,即轨道综合模量(刚度)平顺过渡的问题;二是人工结构的刚性桥台与土工结构的柔性路基间工后沉降差引起轨面弯折限值的问题。这两个问题都会对列车的高速运行产生影响,但产生的原因是各不相同的,影响程度也不一样。在制定过渡段处理方案时,必须针对不同的影响因素和产生的原因,采取不同的加固方法,有的放矢地进行处理。

根据铁道线路的构造特点,路桥过渡段的处理措施可分为三大类:
(1)在过渡点较软一侧,增大路基基床的竖向刚度,减小路基基床的沉降。
(2)在过渡点较软一侧,增大轨道结构的竖向刚度。
(3)在过渡点较硬一侧,减小轨道结构的竖向刚度。

我国铁路建设往往是先桥台施工后填筑路基,桥台背过渡段的填土则放在最后。在这种情况下,路桥间常出现较大的沉降差,不利于线路的稳定。因此,在安排施工计划时,建议在桥台结构完工后,安排过渡段路堤与一般路堤同时施工,使用同等压实能量的压实机械将过渡段与一般路堤的碾压面按大致相同的高度进行填筑碾压。在桥台附近,使用大型机械碾压有困难时,可改用小型振动压实机械充分压实。对于一些地基工后沉降可能较大的工点,应优先安排施工进行静置预压处理,以达到降低工程费用和减小工后沉降量的目的。

第六章 路基设计

6.1 路基工程概况

武广高速铁路是为实现武汉至广州之间交通公交化而建的,建设技术标准:高速铁路;速度目标值350km/h;无砟轨道。沿线大部分地区为河相、湖相冲积平原,形成历史久远,地质情况复杂。本标段沿线鱼塘、沼泽、沟渠较多,多段路基下伏着2～6m不等的淤泥质黏土,地质情况较为恶劣。

里程 DK82+200～DK82+340,地基处理方式为管桩+碎石垫层+筏板,桩长24.5m。加固区土质为粉质黏土,硬塑状态,填土高度5.75m,处于路桥过渡段。土层分层情况及物理性质参数见表6-1。压缩试验压力-孔隙比关系见表6-2。压缩试验$e-p$曲线关系见图6-1。压缩试验$e-\lg p$曲线见图6-2。

表6-1 1号断面DK82+200土层分层情况及物理性质参数

分层厚度 (m)	比贯入阻力 p_s(MPa)	地层名称	一般饱和黏性土的重度 γ(kN/m³)	极限承载力 P_u(kPa)	压缩模量 E_s(MPa)	变形模量 E_o(MPa)
5.20	1.00	Q_4^{al} 粉质黏土	18.4	244.31	4.50	6.84
7.50	2.17	Q_3^{al} 粉质黏土	19.8	568.38	9.18	20.84
4.53	2.25	Q_3^{al} 粉质黏土	19.9	579.40	9.50	21.76
4.20	2.59	Q_3^{al} 粉质黏土	20.2	627.05	10.86	25.77
3.73	3.49	Q_3^{al} 黏土	20.7	753.18	14.46	36.39

表6-2 1号断面DK70+200压缩试验压力-孔隙比关系表

压力p(kPa)	0	50	100	200	400
孔隙比e	0.664	0.633	0.622	0.604	0.578

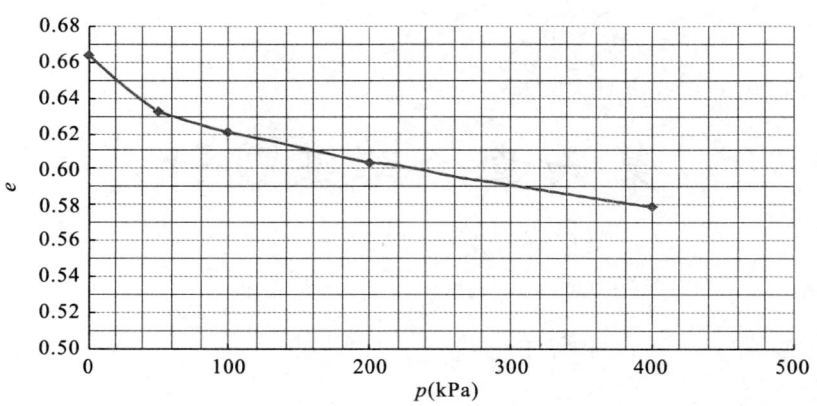

图 6-1 1号断面 DK70+200 压缩试验 e-p 曲线图

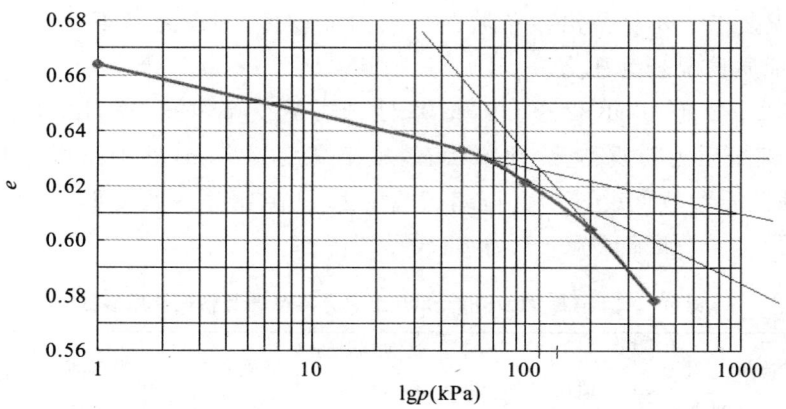

图 6-2 1号断面 DK70+200 压缩试验 e-$\lg p$ 曲线图

6.2 高速铁路路基设计荷载

1. 换算土柱高度

换算土柱高度及分布宽度按列车荷载与上部建筑重量计算:列车荷载为 ZK 荷载(图 6-3),即 0.8UIC 荷载。

(1)时速 200km/h 时,道床厚度 30cm,道碴重度 20kN/m³,钢轨重量 0.6064kN/m,轨枕长 2.6m,轨枕及扣件重量 3.7kN/根。

钢轨重量:$0.6064 \times 2 = 1.2$(kN)

道碴重量:$20 \times (2.32 - 0.21) = 42.2$(kN)

轨道荷载:$p = 42.2 + 1.2 + 3.7 \times 1.667 = 49.6$(kN/m)

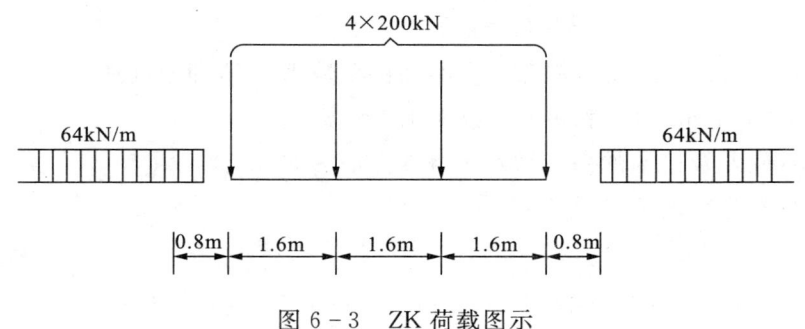

图 6-3 ZK 荷载图示

$$Q = 200 \div 1.6 = 125 (\text{kN/m}), l_0 = 3.26 \approx 3.3 (\text{m})$$

换算土柱高：$h = \dfrac{P+Q}{\gamma \times 3.3}$

当 $\gamma = 18$ kN/m 时，$h = 2.94 \approx 3.0$ (m)

当 $\gamma = 19$ kN/m 时，$h = 2.78 \approx 2.8$ (m)

当 $\gamma = 20$ kN/m 时，$h = 2.65 \approx 2.7$ (m)

当 $\gamma = 21$ kN/m 时，$h = 2.52 \approx 2.6$ (m)

当 $\gamma = 22$ kN/m 时，$h = 2.40 \approx 2.5$ (m)

(2)时速 250km/h 时,道床厚度 35cm,道碴重度 20kN/m³,钢轨重量 0.6064kN/m, 轨枕长 2.6m,轨枕及扣件重量 3.7kN/根。

钢轨重量：$0.6064 \times 2 = 1.2$ (kN)

道碴重量：$20 \times (2.72 - 0.21) = 50.2$ (kN)

轨道荷载：$P = 50.2 + 1.2 + 3.7 \times 1.667 = 57.6$ (kN/m)

$$Q = 200 \div 1.6 = 125 (\text{kN/m}), l_0 = 3.36 \approx 3.4 (\text{m})$$

换算土柱高：$h = \dfrac{P+Q}{\gamma \times 3.3}$

当 $\gamma = 18$ kN/m 时，$h = 2.98 \approx 3.0$ (m)

当 $\gamma = 19$ kN/m 时，$h = 2.83 \approx 2.9$ (m)

当 $\gamma = 20$ kN/m 时，$h = 2.69 \approx 2.7$ (m)

当 $\gamma = 21$ kN/m 时，$h = 2.56 \approx 2.6$ (m)

当 $\gamma = 22$ kN/m 时，$h = 2.44 \approx 2.5$ (m)

2.动应力大小及分布

高速铁路路基面上的动应力大小及分布情况,主要参考国外资料及我国铁路的实测数据。

路基面动应力幅值是与列车速度、轴重、机车车辆动态特性、轨道结构、轨道不平顺、距轨底深度及路基状态有关的一个随机函数。根据"路基动应力与车速关系的研究",作用于基床面上的动应力幅值可由下式计算：

$$\sigma_{dl} = 0.26 \times p \times (1+\alpha v)$$

式中：$(1+\alpha v)$ 为冲击系数，高速铁路最大的冲击系数为 1.9，即速度在 300km/h 以内时按上式计算；超过 300km/h 时，取冲击系数为 1.9 计算。

α 为 200km/h 及以上的高速铁路无缝线路时 α 取 0.003。

ZK 荷载机车车辆的静轴重 $P=200$kN，则：

设计时速为 200km/h 时：

$$\sigma_{dl} = 0.26 \times 200 \times (1+0.003 \times 200) = 83.2(kPa)$$

设计时速为 350km 时：

$$\sigma_{dl} = 0.26 \times 200 \times (1+0.003 \times 250) = 91.0(kPa)$$

如采用中活载，机车车辆的静轴重 $p=220$kN，α 可取 0.004，则设计时速为 200 时：

$$\sigma_{dl} = 0.26 \times 220 \times (1+0.004 \times 200) = 102.96(kPa)$$

6.3 路基断面设计

6.3.1 路基面形状

无砟轨道支承层（或底座）底部范围内路基面可水平设置，支承层（或底座）外侧路基面两侧设置不小于 4% 的横向排水坡。有砟轨道路基面形状应为三角形，由路基面中心向两侧设置不小于 4% 的横向排水坡。曲线加宽时，路基面仍保持三角形。

路基标准横断面应符合图 6-4～图 6-9 的规定。

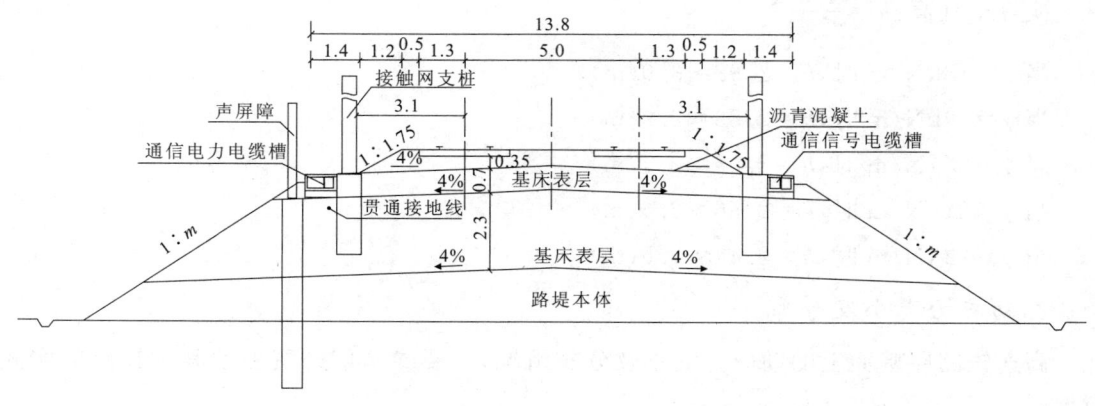

图 6-4 双线路堤标准横断面示意图

第六章 路基设计

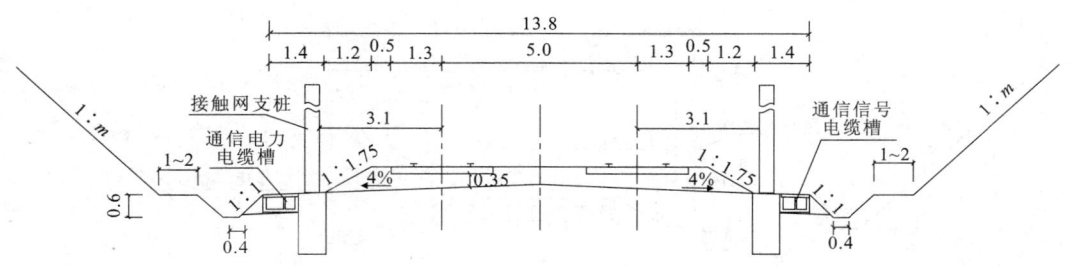

图 6-5 双线路堑(硬质岩石)标准横断面示意图
注:声屏障基础埋深应根据计算确定

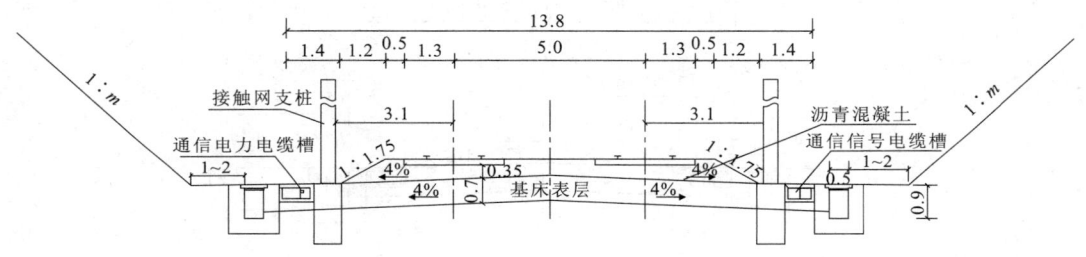

图 6-6 双线路堑(土质、软质岩石及强风化硬质岩石)标准横断面示意图
注:基床表层顶面为 0.05~0.1m 厚的沥青混凝土,其下基床表层换填 0.60~0.65m 厚级配砂砾石,或换填 0.45~0.50m 厚级配碎石和 0.15m 中粗砂

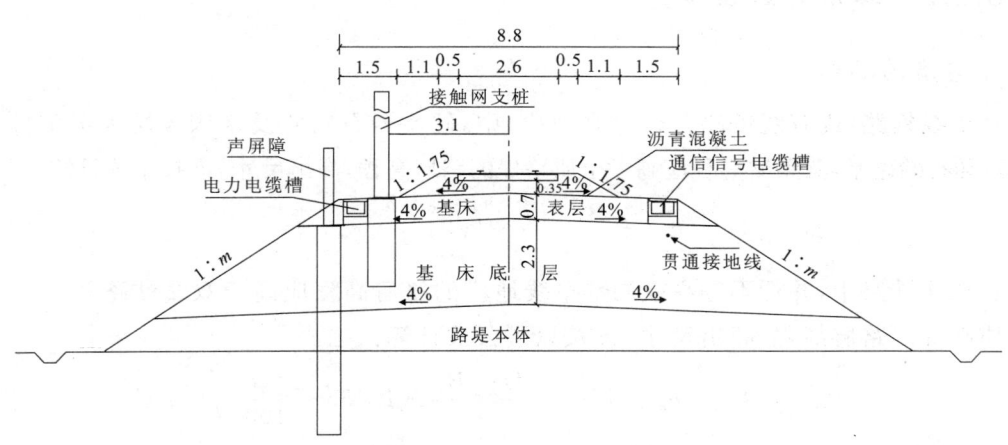

图 6-7 单线路堤标准横断面示意图
注:声屏障基础埋深应根据计算确定

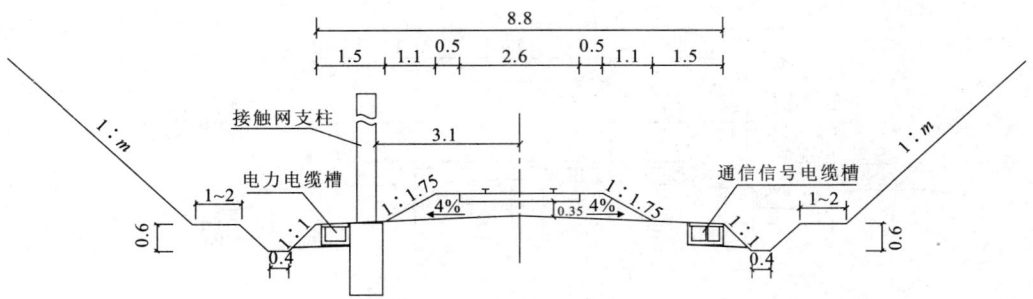

图 6-8　单线路堑(硬质岩石)标准横断面示意图

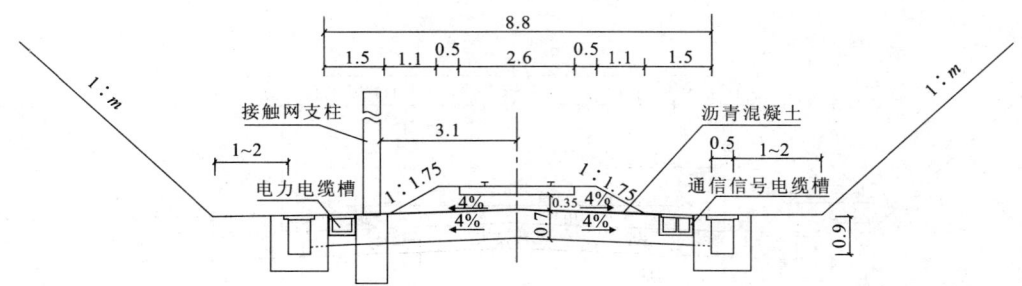

图 6-9　单线路堑(土质、软质岩石及强风化硬质岩石)标准横断面示意图

注:基床表层顶面为 0.05~0.1m 厚的沥青混凝土,其下基床表层换填 0.60~0.65m 厚级配砂砾石,或换填 0.45~0.50m 厚级配碎石和 0.15m 中粗砂

6.3.2　路肩的高程和宽度

1. 路肩的高程

在单线铁路(或双线铁路并行等高地段)中,硬质岩石路堑及基床表层为级配碎石或级配砂砾石的路基,其路肩高程应高于土质路堤的路肩高程,高出尺寸 Δh 按下式计算:

$$\Delta h = (h - h') + \frac{B - B'}{2} \times 0.04 \qquad (6-1)$$

在双线铁路中,并行不等高或局部单线地段的路肩高程应高于双线铁路并行等高地段土质路堤的路肩高程,高出尺寸 Δh 按以下公式计算:

$$\Delta h = h_{sh} - h_d + \left(\frac{B_{sh} - D - B_d}{2} + 1.435 + \frac{g}{1000}\right) \times 0.04 \qquad (6-2)$$

区间路基面宽度应根据客车设计行车速度、远期采用的轨道类型、正线数目、线间距、曲线加宽、路基面两侧沉降加宽、路肩宽度、养路形式、接触网立柱的设置位置等,通过计算确定,必要时还应考虑光、电缆槽及声屏障基础的设置。

2.路肩宽度

设计时速 $v=200$km/h 时应不小于 1.0m；

设计时速 200km/h$<v\leqslant$250km/h 时应不小于 1.2m。

6.3.3 路堤边坡坡度确定

路堤边坡形式和坡率，应根据填料的物理力学性质、边坡高度、轨道和列车荷载及地基工程地质条件等确定。当地质条件良好时，边坡高度、边坡坡率对应的边坡形式如表6-3规定。

表6-3 边坡高度、边坡坡率对应的边坡形式

填料名称	边坡高度（m）			边坡坡率			边坡形式
	全部高度	上部高度	下部高度	全部坡率	上部坡率	下部坡率	
细粒土、易风化的软块石	20	8	12	—	1∶1.5	1∶1.75	折线形
粗粒土、漂石土、卵石土、碎石土、不易风化的软块石	20	12	8	—	1∶1.5	1∶1.75	折线形
硬块石	8	—	—	1∶1.3	—	—	直线型
	20	—	—	1∶1.5	—	—	直线型

路堤边坡坡高大于表6-3时，其超出的下部边坡形式和坡率，应根据填料的性质由稳定分析计算确定，最小稳定安全系数应为1.15～1.25，边坡形式宜用阶梯形。

路堤坡脚外应设置不小于2m宽的自然护道。在经济作物区地段，当能保证路堤稳定时，可设宽度不小于1m的人工护道或设坡脚墙。

6.3.4 路堤基床设计

路基基床由表层与底层组成，其厚度应符合表6-4的规定。

表6-4 基床厚度

设计速度（km/h）	基床表层厚度（m）	基床底层厚度（m）	基床总厚度（m）
200	0.60	1.90	2.50
200～250	0.70	2.30	3.00

基床表层应采用级配碎石或级配砂砾石等材料，其材料规格及压实标准应符合下列规定。

(1) 采用级配碎石时应符合下列技术要求：

(a) 碎石粒径、级配及材料性能应符合现行《高速铁路设计规范》的规定。

(b) 与上部道床碎石及下部填土之间应满足要求。当与下部填土不能满足此项要求时，基床表层应采用颗粒级配不同的双层结构，或在基床底层表面铺设土工合成材料。当下部填土为改良土时，可不受此项规定限制。

(c) 压实标准应符合规定，采用地基系数 K_{30}、动态变形模量 E_{vd}、孔隙率 n 3 项指标控制。

(2) 采用级配砂砾石时应符合下列技术要求：

(a) 级配曲线应接近圆滑，某种尺寸的粒径不应过多或过少。

(b) 与上部道床及下部填土之间应满足 D15＜4d85 的要求。当与下部填土之间不能满足此项要求时，基床表层应采用颗粒级配不同的双层结构，或在基床底层表面铺设土工合成材料。当下部填土为改良土时，可不受此项规定限制。

(c) 颗粒中细长及扁平颗粒含量不应超过 20%；黏土团及有机物含量不应超过 2%。

(d) 粒径小于 0.5mm 的细粒料的液限应小于 25%，其塑性指数应小于 6。

第七章 路基填料分析

7.1 路基填料的分类标准

普通填料按颗粒粒径大小可分为3类：巨粒土、粗粒土和细粒土。巨粒土、粗粒土填料根据颗粒组成、颗粒形状、细粒含量、颗粒级配、抗风化能力等又可分为A、B、C、D组（表7-1）。细粒土填料又分为粉土、黏性土和有机土。粉土、黏性土应采用液限含水率W_L进行填料分组：当$W_L < 40\%$时，为C组；当$W_L \leqslant 40\%$时，为D组。有机土为E组。

表7-1 路基填料的分类

一级定名				二级定名			填料分组
类别		名称	说明	细粒含量	颗粒级配	名称	
巨粒土	碎石类土	块石类	硬块石土	粒径大于200mm颗粒的质量超过总质量的50%（不易风化，尖棱状为主）	—	—	硬块石	A
			软块石土	粒径大于200mm颗粒的质量超过总质量的50%（易风化，尖棱状为主）	—	—	$R_c > 15\text{MPa}$ 不易风化的软块石	A
					—	—	$R_c \leqslant 15\text{MPa}$ 不易风化的软块石	B
					—	—	易风化的软块石	C
					—	—	风化的软块石	D
			漂石土	粒径大于200mm颗粒的质量超过总质量的50%（浑圆或圆棱状为主）	<5%	良好	级配好的漂石	A
						不良	级配不好的漂石	B
					5%～15%	良好	级配好的含土漂石	A
						不良	级配不好的含土漂石	B
					15%～30%	—	土质漂石	B
					>30%	—	土质漂石	C

续表 7-1

一级定名				二级定名			填料分组
类别		名称	说明	细粒含量	颗粒级配	名称	
巨粒土	碎石类土	碎石类	卵石土	粒径大于60mm颗粒的质量超过总质量的50%（浑圆或圆棱状为主）	<5%	良好	级配好的卵石	A
						不良	级配不好的卵石	B
				5%~15%	良好	级配好的含土卵石	A
					不良	级配不好的含土卵石	B
				15%~30%	—	土质卵石	B
				>30%	—	土质卵石	C
			碎石土	粒径大于60mm颗粒的质量超过总质量的50%（尖棱状为主）	<5%	良好	级配好的碎石	A
					不良	级配不好的碎石	B
				5%~15%	良好	级配好的含土碎石	A
					不良	级配不好的含土碎石	B
				15%~30%	—	土质碎石	B
				>30%	—	土质碎石	C
粗粒土	砾石类	粗砾土	圆砾土	粒径大于20mm颗粒的质量超过总质量的50%（浑圆或圆棱状为主）	<5%	良好	级配好的粗圆砾	A
					不良	级配不好的粗圆砾	B
				5%~15%	良好	级配好的含土粗圆砾	A
					不良	级配不好的含土粗圆砾	B
				15%~30%	—	土质粗圆砾	B
				>30%	—	土质粗圆砾	C
			角砾土	粒径大于20mm颗粒的质量超过总质量的50%（尖棱状为主）	<5%	良好	级配好的粗角砾	A
					不良	级配不好的粗角砾	B
				5%~15%	良好	级配好的含土粗角砾	A
					不良	级配不好的含土粗角砾	B
				15%~30%	—	土质粗角砾	B
				>30%	—	土质粗角砾	C

续表 7-1

一级定名				二级定名			填料分组
类别		名称	说明	细粒含量	颗粒级配	名称	
粗粒土	砾石类	细圆砾土	粒径大于 20mm 颗粒的质量超过总质量的 50%（浑圆或圆棱状为主）	<5%	良好	级配好的细圆砾	A
					不良	级配不好的细圆砾	B
				5%～15%	良好	级配好的含土细圆砾	A
					不良	级配不好的含土细圆砾	B
				15%～30%	—	土质细圆砾	B
				>30%	—	土质细圆砾	C
		细角砾土	粒径大于 20mm 颗粒的质量超过总质量的 50%（尖棱状为主）	<5%	良好	级配好的细角砾	A
					不良	级配不好的细角砾	B
				5%～15%	良好	级配好的含土细角砾	A
					不良	级配不好的含土细角砾	B
				15%～30%	—	土质细角砾	B
				>30%	—	土质细角砾	C
	砂类土	砾砂	粒径大于 2mm 颗粒的质量超过总质量的 25%～50%	<5%	良好	级配好的砾砂	A
					不良	级配不好的砾砂	B
				5%～15%	良好	级配好的含土砾砂	A
					不良	级配不好的含土砾砂	B
				>15%	—	土质砾砂	B
		粗砂	粒径大于 0.5mm 颗粒的质量超过总质量的 50%	<5%	良好	级配好的粗砂	A
					不良	级配不好的粗砂	B
				5%～15%	良好	级配好的含土粗砂	A
					不良	级配不好的含土粗砂	B
				>15%	—	土质粗砂	B
		中砂	粒径大于 0.25mm 颗粒的质量超过总质量的 50%	<5%	良好	级配好的中砂	A
					不良	级配不好的中砂	B
				5%～15%	良好	级配好的含土中砂	A
					不良	级配不好的含土中砂	B
				>15%	—	土质中砂	B
		细砂	粒径大于 0.075mm 颗粒的质量超过总质量的 85%	<5%	良好	级配好的细砂	B
					不良	级配不好的细砂	C
				5%～15%	—	含土细砂	C
		粉砂	粒径大于 0.075mm 颗粒的质量超过总质量的 50%	—	—	粉砂	C

填料根据土质类型和渗水性可分为渗水土、非渗水土。A、B 组填料中,细粒土含量小于 10%、渗透系数大于 0.003cm/s 的巨粒土、粗粒土(细砂除外)为渗水土,其余为非渗水土。

7.2 填料物理性质实验与测试

7.2.1 压实系数实验与测试

压实系数是指填料压实后的干密度与击实试验测得的最大干密度的比值。

1. 环刀法——粉土、黏性土

(1)本试验应采用下列仪器设备。

环刀:内径 61.8~79.8mm,高 20mm。

天平:称量 500g,分度值 0.1g;称量 200g,分度值 0.01g。

其他:切土刀、钢丝锯、直尺、凡士林等。

(2)试验操作应按下列步骤进行。

步骤一:将环刀的内壁涂一薄层凡士林,刀口向下放在土样上,用切土刀将土样削成略大于环刀直径的土柱。边垂直下压环刀边削土柱至伸出环刀为止。

步骤二:用钢丝锯或切土刀将环刀与土柱分离,削去两端余土并修平。擦净环刀外壁,称环刀与土总质量,准确至 0.1g。取环刀两端削下的土样测含水率。试样制备应迅速。

注意:①本试验应按工程需要取原状土或扰动土制备击实试样。②称量试样时,可在天平放法码一端放一等质量环刀,直接称出湿土质量,准确至 0.1g。

(3)试验结果应按下列公式计算。

$$\rho = \frac{m_0}{V} \tag{7-1}$$

$$\rho_d = \frac{\rho}{1+0.01\omega} \tag{7-2}$$

式中:ρ 为试样的湿密度(g/cm^3),计算至 $0.01g/cm^3$;

ρ_d 为试样的干密度(g/cm^3);

m_0 为湿试样质量(g);

V 为环刀容积(cm^3);

ω 为试样含水率(%)。

(4)本试验应进行平行测定,平行测定的差值不得大于 $0.03g/cm^3$,取算术平均值。

2. 灌水法——最大粒径小于 60mm 的土

(1)本试验应采用下列仪器设备。

储水筒:直径应均匀,并附有刻度及出水管。

第七章　路基填料分析

台秤：称量 50kg，分度值 10g。

塑料薄膜袋：由聚氯乙烯塑料薄膜制成。

其他：盛土容器、水准尺、钢卷尺、挖土工具等。

(2)试验操作应按下列步骤进行。

步骤一：在选定的试坑位置处铲平略大于试坑直径的地面，并根据土的最大粒径确定试坑尺寸(表7-2)。

步骤二：按确定的试坑直径划出坑口轮廓线，在轮廓线内下挖至要求深度。边挖边将坑内的试样装入盛土容器内，称土的质量，准确至10g，并取代表性土样测定含水率。

步骤三：试坑挖好后，将略大于试坑容积的塑料薄膜袋沿坑底、坑壁紧密相贴，到地面后翻开袋口，袋口周围用重物压牢固定。

步骤四：记录储水筒内初始水位高度，打开储水筒的注水管，让水缓缓流入坑内塑料薄膜袋内。当袋内水面上升到接近坑口地面时将水流调小，待水面与坑口地面齐平时立即关闭注水管，持续3~5min，记录储水筒内水位的高度。如袋内出现水面下降时，应另取塑料薄膜袋重做试验。

表 7-2　试坑尺寸

试样最大粒径(mm)	试坑尺寸(mm)	
	直径	深度
5~20	150	200
40	200	250
60	250	300

(3)试验结果应按下列公式计算。

$$\rho = \frac{m_p}{V_p} \tag{7-3}$$

$$V_p = (H_1 - H_2) \cdot A_w \tag{7-4}$$

式中：V_p 为试坑体积(cm^3)；

H_1 为储水筒内初始水位高度(cm)；

H_2 为储水筒内注水终止时水位高度(cm)；

A_w 为储水筒断面积(cm^2)。

m_p 为取自试坑内土的质量(g)。

3. 灌砂法——最大粒径小于20mm的土

(1)本试验应采用下列仪器设备。

密度测定器：由容砂瓶、灌砂漏斗和底盘组成(图7-1)。容砂瓶的容积为4L；灌砂漏斗高135mm、直径165mm、颈部有孔径为13mm的圆柱形阀门；容砂瓶和灌砂漏斗之间用螺纹接头连接。底盘承托灌砂漏斗和容砂瓶。

天平:称量 10kg,分度值 5g;称量 500g,分度值 0.1g。

土样筛:孔径 0.25mm、0.50mm。

其他:小铁锹、小铁铲、盛土容器等。

(2)标准砂密度的测定应按下列步骤进行。

步骤一:标准砂宜选用粒径为 0.25~0.50mm、密度为 1.47~1.61g/cm³ 的洁净干燥砂。

步骤二:将容砂瓶与灌砂漏斗经螺纹接头接紧,并作标记,以后每次拆卸再衔接时都要接在这一位置。称量组装好的密度测定器的质量(m_{r1}),准确至 5g。

步骤三:将干燥的密度测定器竖立(灌砂漏斗口向上)在工作台上,打开阀门,往密度测定器内注水,直至水面高出阀门,关闭阀门,倒掉漏斗中多余的水,称注满水的密度测定器总质量(m_{r2}),准确至 5g,同时测定水温,准确至 0.5℃。再重复测定两次,将 3 次测值之间的差值换算为该温度下水的体积不得大于 3ml,取 3 次测定值的平均值。

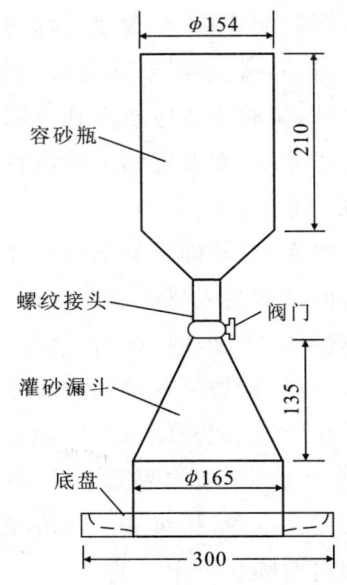

图 7-1 密度测定器

步骤四:将干燥的密度测定器竖立(灌砂漏斗口向上)在工作台上,关阀门,向漏斗中灌满标准砂。打开阀门使漏斗中的砂漏入容砂瓶内,边漏边继续向漏斗中补充砂,当标准砂停止流动时迅速关闭阀门。倒掉漏斗内多余的砂,称取灌满标准砂的密度测定器总质量(m_{r3}),准确至 5g。测定过程中应避免震动。

步骤五:容砂瓶容积按下式计算。

$$V_r = \frac{(m_{r2} - m_{r1})}{\rho_{wT}} \tag{7-5}$$

式中:V_r 为容砂瓶容积(cm³);

m_{r1} 为注满水的密度测定器的总质量(g);

m_{r2} 为密度测定器的质量(g);

ρ_{wT} 为纯水在 T℃时的密度(g/cm³)。

步骤六:标准砂的密度按下式计算。

$$\rho_{ST} = \frac{m_{r3} - m_{r1}}{V_r} \tag{7-6}$$

式中:ρ_{ST} 为标准砂的密度(g/cm³),计算至 0.01g/cm³;

m_{r3} 为灌满标准砂的密度测定器的总质量(g)。

(3)测定灌满灌砂漏斗所需标准砂的质量应按下列步骤进行。

步骤一:按上述步骤四的方法将标准砂灌满容砂瓶,并称取灌满标准砂的密度测定器的总质量(m_{r3})。

第七章 路基填料分析

步骤二:将灌满标准砂的密度测定器倒置(即灌砂漏斗口向下)在一洁净的平面上,打开阀门,直至砂停止流动。

步骤三:迅速关闭阀门,称取剩余标准砂和密度测定器的总质量,计算流失的标准砂的质量,该流失量即为灌满漏斗所需标准砂的质量(m_{r4})。

步骤四:重复上述步骤3次,取其平均值。

(4)试验操作应按下列步骤进行。

步骤一:按土的最大粒径不大于20mm的要求选定试坑位置,将试坑位置的地面铲平,面积略大于试坑直径150mm,按试坑直径划出坑口轮廓线,在轮廓线内下挖至要求深度200mm处,边挖边将挖出的土放入盛土容器内,称土的质量,准确至10g,然后取代表性土样测定含水率。

步骤二:向容砂瓶内灌满标准砂,关阀门,称取灌满标准砂的密度测定器的总质量,准确至5g。

步骤三:将密度测定器倒置(灌砂漏斗口向下)于挖好的坑口上,打开阀门,使密度测定器内的标准砂流入坑内,当密度测定器内标准砂停止流动时关闭阀门。

步骤四:称取密度测定器和剩余标准砂的质量 m_{r5},准确至5g,并计算灌满试坑所用标准砂的质量($m_{ST}=m_{r3}-m_{r4}-m_{r5}$)。

步骤五:试验结果应按下列公式计算。

$$\rho = \frac{m_p}{\dfrac{m_{ST}}{\rho_{ST}}} \qquad (7-7)$$

$$\rho_d = \frac{\dfrac{m_p}{1+0.01\omega_0}}{\dfrac{m_{ST}}{\rho_{ST}}} \qquad (7-8)$$

式中:m_{ST} 为灌满试坑所用标准砂的质量(g);

m_p 为取自试坑内土的质量(g)。

4. 核子湿度密度仪——细粒土、砂类土

1)本试验应采用下列仪器设备

(1)主机:由放射源、探测器、微处理器、测深定位装置等组成(图7-2)。

放射源:$^{137}Ce-\gamma$ 源,辐射活性 $3.7\times10^8 Bq$;$^{241}Am-Be$ 中子源,辐射活性 $1.85\times10^9 Bq$。

探测器:盖革-密勒计数管,接收 γ 射线;He-3探测管,接收中子射线。

微处理器:将探测器接收到的射线信号转换成数据,并经运算后显示检测结果。

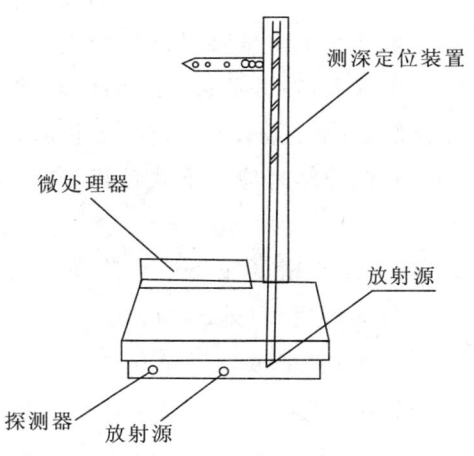

图7-2 核子湿度密度仪示意图

测深定位装置:将放射源定位到预定的测试深度。

(2)附件:标准块、导板、钻杆、充电器。

(3)技术指标如下。

测量范围:含水量 $0\sim0.64g/m^3$;密度 $1.12\sim2.73g/cm^3$。

准确度:含水量 $\pm0.004g/m^3$;密度 $\pm0.004g/cm^3$。

(4)计量检定应按《核子密度及含水量测定仪检定规程》(JJG 1023-2007)进行,鉴定周期为2年。

2)试验操作应按下列步骤进行

步骤一:标准计数或统计试验。将标准块放在坚硬的材质表面,按规定将仪器放置在标准块上,仪器手柄设置在安全位置。周围10m以内无其他放射源,3m以内的地面上不应堆放其他材料。按下启动键,开始进行标准计数或统计试验。操作人员应退到离仪器2m以外区域。当仪器发出结束信号后,检查含水量、密度的标准计数或统计分析结果,如果其数值在规定的范围内,即可开始检测。

步骤二:输入设定参数。测量计数时间(不宜小于30s);选择计量单位 g/cm^3 或 kg/cm^3;密度、含水量的偏移量,当无偏移量时输入"0";测点记录号。

步骤三:平整被测材料表面。必要时可用少量细粉颗粒铺平,然后用导板和钻杆造孔。孔深必须大于测试深度,孔应垂直;孔壁光滑,不得坍塌。如被测材料不便于造孔,可采用反射法进行检测。

步骤四:按规定将仪器就位,并将放射源定位到预定的测试深度。按下启动键开始测试,操作人员退到离仪器2m以外的区域。

步骤五:当仪器发出测试结束信号后,将放射源退回到安全位置,并储存或记录检测结果。

步骤六:当被测材料中含有硼、氧等吸收中子的元素成非自由水氢元素时,检测结果要用烘干法求出偏移量进行校正。

步骤七:在基坑边缘或沟中测试时,仪器的侧面与坑壁的距离不宜小于0.6m;采用特殊补偿功能对测试结果进行校正时,不受距离的限制。

3)试验结果应按下式计算

$$\rho_d = \rho - \rho_{sw} \tag{7-9}$$

式中:ρ_d 为干密度(g/cm^3),计算至 $0.01g/cm^3$;

ρ 为湿密度(g/cm^3);

ρ_{sw} 为含水量(g/cm^3)。

5. 击实试验

(1)击实试验是测定试样在标准击实功作用下含水率与干密度之间的关系,从而确定该试样的最优含水率和最大干密度。

(2)本试验应分为轻型击实和重型击实。轻型击实试验单位体积击实功宜为

第七章 路基填料分析

$600kJ/m^3$,重型击实试验单位体积击实功宜为 $2700kJ/m^3$。

(3)本试验类型和方法列于表7-3,应根据工程要求和试样最大粒径选用。

表7-3 击实试验标准技术参数

实验类型	编号	实验方法							实验条件		
		击实仪规格									
		击锤			击实筒			护筒	层数	每层击数	最大粒径 (mm)
		质量 (kg)	锤底直径(mm)	落距 (mm)	内径 (mm)	筒高 (mm)	容积 (cm^3)	高度 (mm)			
轻型	Q1	2.5	51	305	102	116	947.4	50	3	25	5
	Q2	2.5	51	305	152	116	2103.9	50	3	56	20
重型	Z1	4.5	51	457	102	116	947.4	50	5	25	5
	Z2	4.5	51	457	152	116	2103.9	50	5	56	20
	Z3	4.5	51	457	152	116	2103.9	50	3	94	40

注:Q1、Q2、Z1、Z2、Z3 圈分别称轻1、轻2、重1、重2、重3。Q2、Z2、Z3 筒高为筒内净高

(4)当试样中粒径大于各方法相应最大粒径 5mm、20mm 或 40mm 的颗粒质量占总质量的 5%~30% 时,其最大干密度和最优含水率应进行校正。

(5)本试验应采用下列仪器设备。

击实筒:钢制圆柱形筒,并配有钢护筒、底板和垫块(图7-3),尺寸应符合表7-3规定。

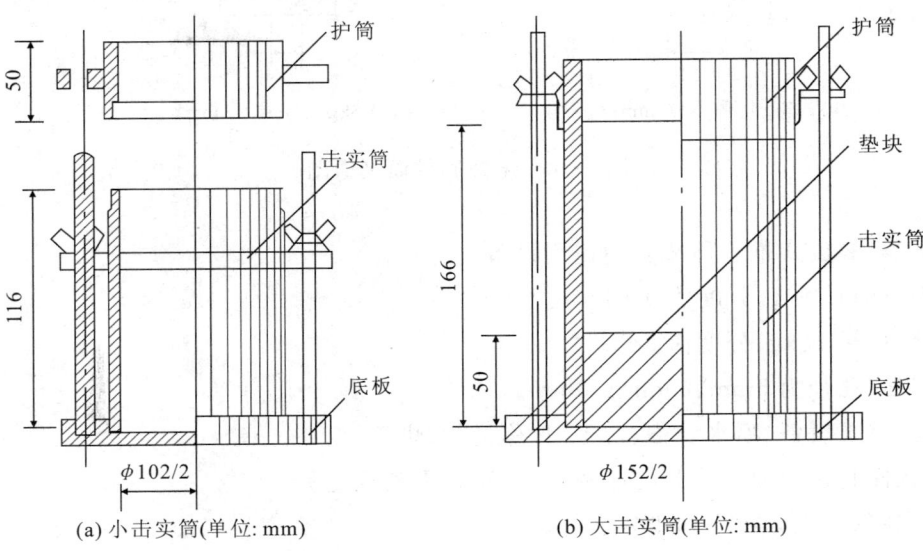

图7-3 击实筒剖面图

击锤:击锤必须配备导筒,锤与导筒之间要有相应的间隙,使锤能自由下落,并设有排气孔(图 7-4)。击锤可用人工操作或机械操作,机械操作的击锤必须有控制落距的跟踪装置和锤击点按一定角度均匀分布的装置。

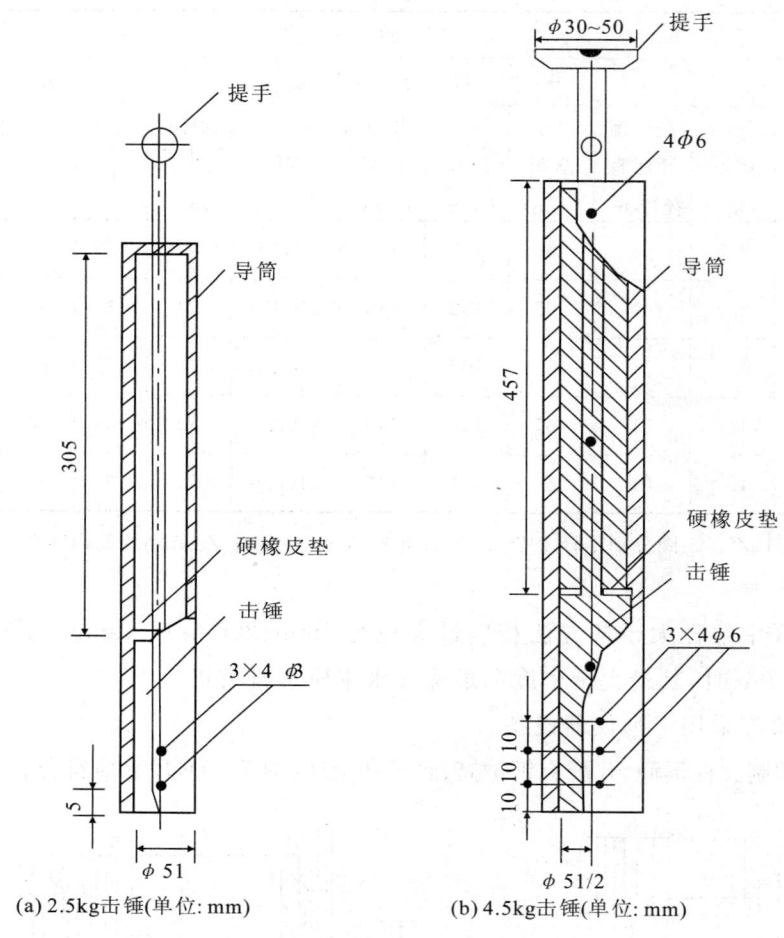

图 7-4 击锤和导筒剖面图

推土器:螺旋式推土器或其他适用设备。
天平:称量 200g,分度值 0.01g。
台秤:称量 15kg,分度值 5g。
标准筛:孔径为 5mm、20mm、40mm。
其他:碾土设备、喷水设备、切土刀、称量盒、烘箱等。
(6)试样制备分为干法和湿法两种,应符合下列规定。
干法制备试样应按下列步骤进行。
步骤一:将代表性试样风干或在低于 50℃ 温度下进行烘干。烘干后以不破坏样的基本颗粒为准。将土碾碎,过 5mm、20mm 或 40mm 筛,拌和均匀备用。试样数量,小直径

第七章　路基填料分析

击实筒最少 20kg，大直径击实筒最少 50kg。

步骤二：采用烘干法测定试样的风干含水率。按试样的塑限估计最优含水率，在最优含水率附近选择依次相差约 2% 的含水率制备一组试样至少 5 个，其中 2 个含水率大于塑限、2 个小于塑限、1 个接近塑限。加水量可用下式计算：

$$m_w = \frac{m_0}{1+\omega_0}(\omega - \omega_0) \tag{7-10}$$

式中：m_w 为所需加水量（g）；

　　　m_0 为风干试样质量（g）；

　　　ω_0 为风干试样含水率（%）；

　　　ω 为要求达到的含水率（%）。

步骤三：按预定的含水率制备试样。根据击实筒容积大小，每个试样取 2.5kg 或 6.5kg，平铺于不吸水的平板上，洒水拌和均匀，然后分别放入有盖的容器里静置备用。高塑性黏性土静置时间不得少于 24h，低塑性黏性土静置时间可缩短，但不应少于 12h。

湿法制备试样应按下列步骤进行。将天然含水率的试样碾碎过 5mm、20mm 或 40mm 筛，混合均匀后，按选用击实筒容积，取 5 份试样，其中一份保持天然含水率，其余 4 份分别风干或加水达到所要求的不同含水率。制备好的试样要完全拌匀，保证水分均匀分布。

(7) 试验操作应按下列步骤进行。

步骤一：称取击实筒质量（m_1）并作记录。

步骤二：将击实仪放在坚实的地面上，安装好击实筒及护筒（大直径击实筒内还要放入垫块），内壁涂少许润滑油。每个试样应根据选用试验类型按表 7-3 规定，分层击实。每层高度应近似，两层交界处层面刨毛，所用试样的总量应使最后的击实面超出击实筒顶不大于 6mm。击实时要保持导筒垂直平稳，并按规定的相应试验类型的层数和击数，以均匀速度作用到整个试样上。击锤应沿击实筒周围锤击一遍后，中间再加一击。

步骤三：击实完成后拆去护筒，用切土刀修平击实筒顶部的试样，拆除底板，当试样底面超出筒外时，也应修平，擦净筒的外壁，称筒和试样的总质量，准确至 5g。

步骤四：用推土器将试样从筒中推出，从其中心取 2 个代表性试样，采用烘干法测定含水率。

步骤五：试样不宜重复使用。对易被击碎的脆性颗粒及高塑性黏土的试样不得重复使用。

步骤六：按以上步骤进行不同含水率试样的击实。

(8) 试验结果应按下列公式计算及制图。

击实后试样的湿密度为：

$$\rho = \frac{m_2 - m_1}{V} \tag{7-11}$$

式中：ρ 为击实后试样的湿密度（g/cm³），计算至 0.01g/cm³；

m_2 为击实后筒和湿试样质量(g);

m_1 为击实筒质量(g);

V 为击实筒容积(cm^3)。

击实后试样的干密度为:

$$\rho_d = \frac{\rho}{1+0.01\omega} \quad (7-12)$$

式中:ρ_d 为击实后试样的干密度(g/cm^3),计算至 $0.01g/cm^3$;

ω 为含水率(%)。

以干密度为纵坐标,含水率为横坐标,绘制干密度与含水率的关系曲线(图 7-5),曲线上峰值点的纵横坐标分别表示该击实试样的最大干密度和最优含水率。若曲线不能绘出正确的峰值点,应进行补点。

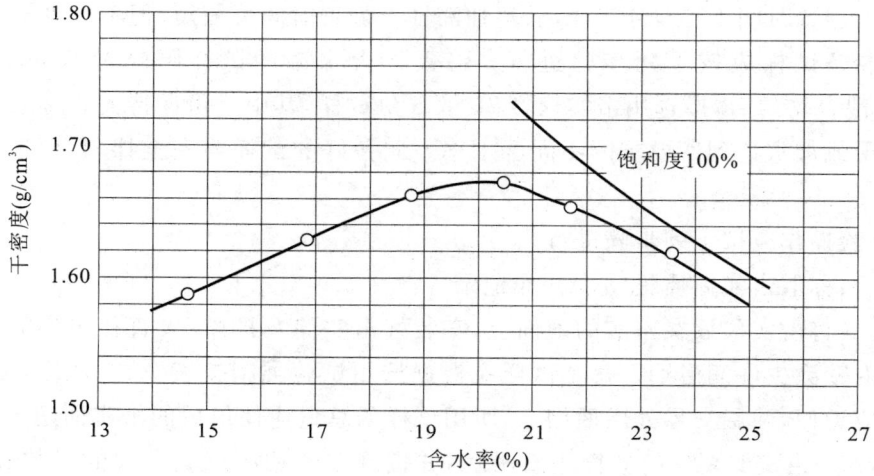

图 7-5 ρ_d-ω 关系曲线图

根据规定,试验所得的最大干密度和最优含水率需校正时,应按以下公式进行。

校正后试样的最大干密度为:

$$\rho'_{d\max} = \frac{1}{\dfrac{1-P_s}{\rho_{d\max}} + \dfrac{P_s}{\rho_a}} \quad (7-13)$$

式中:$\rho'_{d\max}$ 为校正后试样的最大干密度(g/cm^3),计算至 $0.01g/cm^3$;

$\rho_{d\max}$ 为粒径小于 5mm、20mm 或 40mm 的试样试验所得的最大干密度(g/cm^3);

P_s 为试样中粒径大于 5mm、20mm 或 40mm 的颗粒含量的质量分数;

ρ_a 为粒径大于 5mm、20mm 或 40mm 的颗粒毛体积密度(g/cm^3)。

校正后试样的最优含水率为:

$$\omega'_{0pt} = \omega_{0pt}(1-P_s) + P_s\omega_x \quad (7-14)$$

式中：ω'_{0pt} 为校正后试样的最优含水率(%)，计算至 0.01%；

ω_{0pt} 为粒径小于 5mm、20mm 或 40mm 的试样试验所得的最优含水率(%)；

ω_x 为粒径大于 5mm、20mm 或 40mm 的颗粒吸着含水率(%)。

饱和含水率为：

$$\omega_{\text{sat}} = \left(\frac{\rho_w}{\rho_d} - \frac{\rho_w}{\rho_s}\right) \times 100\% \qquad (7-15)$$

式中：ω_{sat} 为饱和含水率(%)，计算至 0.1%；

ρ_s 为试样颗粒密度，对于粗粒土，则为试样中粗细颗粒的混合密度；

ρ_w 为 4℃时水的密度(g/cm³)。

计算数个干密度下试样的饱和含水率，以干密度为纵坐标，含水率为横坐标，绘制出饱和曲线。

7.2.2 地基系数试验与测试

地基系数 K_{30} 是表示土体表面在平面压力作用下产生的可压缩性的大小。它是用直径为 300mm 的刚性承载板进行静压平板载荷试验，取第一次加载测得的应力-位移 (σ-s) 曲线上 s 为 1.25mm 所对应的荷载 σ_s，按 $K_{30} = \sigma_s/1.25$ 计算得出，单位：MPa/m。

1. 适用条件和要求

(1) 粒径不大于荷载板直径 1/4 的各类土和土石混合填料。

(2) 有效测试深度范围为 400～500mm。

(3) 应消除土体含水量变化的影响。

(4) 对于粗、细粒均质土，宜在压实后 2～4h 内进行。

(5) 测试面必须是平整无坑洞的地面。

(6) 应避开雨天或风力大于 6 级的天气。

(7) 测试地基系数时，应对仪器进行测试校验。

2. 仪器设备

(1) 荷载板：荷载板为圆形钢板，直径为 30cm，板厚为 25mm。荷载板上应带有水准泡。

(2) 加载装置：液压千斤顶和手动油泵通过高压油软管连接。千斤顶顶端应设置球铰，并配有可调节丝杆和加长杆件，以便与各种不同高度的反力装置相适应。选用荷载应大于或等于 50kN。液压油软管长度至少为 2m，两端应装有自动开闭阀门的快速接头，以防止液压油漏出。手动液压泵上应装有一个可调节减压阀，可准确地分级对荷载板实施加、卸载。测压表量程应达到最大试验荷载的 1.25 倍，精度不低于 0.6 级。当使用测力计直接测量加荷荷载时，测力计精度应达到 1%。

(3) 反力装置的承载能力应大于最大试验荷载 10kN。

(4) 下沉量测量装置由测桥和测表组成。测桥是用于安装测表固定支架或作为测表量测基准面，由长度大于 3m 的支撑梁和支撑座组成，当跨度为 4m 时，其截面系数应大于或等于8cm。测表宜配置3~4个精度为0.01mm的百分表或电子数显百分表,量程应不小于10mm,每个测表应配有可调式固定支架。

(5)其他:铁锹、钢板尺(长400mm)、毛刷、圬工泥刀、刮铲、水准仪、铅垂、褶尺、干燥中砂、石膏、油、遮阳挡风设施等。

3.试验操作步骤

场地测试面应进行平整,并使用毛刷扫去松土。当处于斜坡上时,应将荷载板支撑面做成水平面。

1)安置平板载荷仪

(1)将荷载板放置于测试地面上,应使荷载板与地面良好接触,必要时可铺设一薄层干燥砂(2~3mm)或石膏腻子。当用石膏腻子做垫层时,应在荷载板底面上抹一层油膜,然后将荷载板安放在石膏层上,左右转动荷载板并轻轻击打顶面,使其与地面完全接触,与此同时可借助荷载板上水准泡或水准仪调整水平。

(2)将反力装置承载部分安置于荷载板上方,并加以制动。反力装置的支撑点必须距荷载板外侧边缘1m以外。

(3)将千斤顶放置于反力装置下面的荷载板上,可利用加长杆和通过调节丝杆,使千斤顶顶端球铰座紧贴在反力装置承载部位上,组装时应保持千斤顶垂直不出现倾斜。

(4)安置测桥,测桥支撑座应设置在距离荷载板外侧边缘及反力装置支承点1m以外。测表的安放必须相互对称,并且应与荷载板中心保持等距离。

2)加载试验

(1)为稳固荷载板,预先加0.01MPa荷载,约30s,待稳定后卸除荷载,将百分表读数调至零或读取百分表读数作为下沉量的起始读数。

(2)以0.04MPa的增量,逐级加载。每增加一级荷载,应在下沉量稳定后,读取荷载强度和下沉量读数。

(3)当总下沉量超过规定的基准值(1.25mm),或者荷载强度超过估计的现场实际最大接触压力,或者达到地基的屈服点,试验即可终止。

当试验过程出现异常时(如荷载板严重倾斜或过度下沉),应将试验点下挖相当于荷载板直径的深度,重新进行试验。对出现的异常应在试验记录表中注明。

4.试验结果计算及制图

根据试验结果绘出荷载强度与下沉量关系曲线(图7-6)。

由图7-6可得出下沉量基准值时的荷载强度,并按下式计算出地基系数:

$$K_{30} = \sigma_s/s_s \qquad (7-16)$$

式中:K_{30} 为由直径30cm的荷载板测得的地基系数(MPa/m),计算取整数;

σ_s 为 $\sigma - s$ 曲线中 $s_s = 1.25$mm 相对应的荷载强度(MPa);

s_s 为下沉量基准值(=1.25mm)。

第七章 路基填料分析

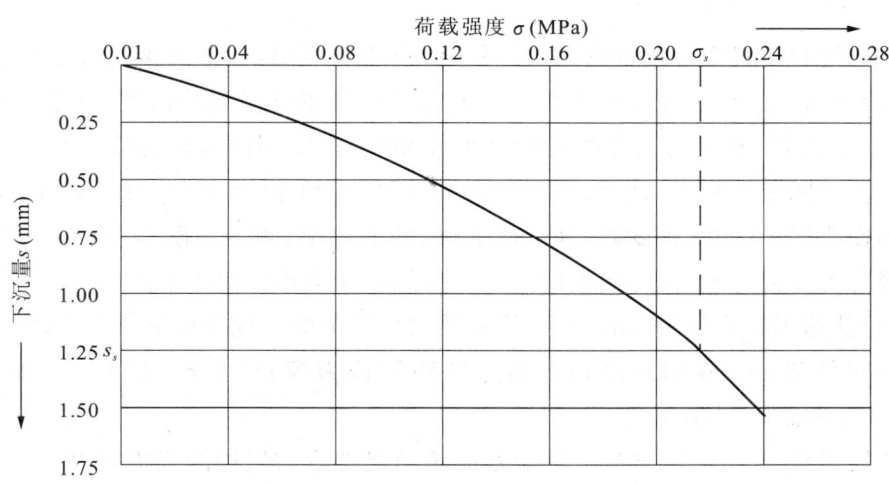

图 7-6 荷载强度-下沉量关系曲线图

7.2.3 动态变形模量实验与测试

1. 动态变形模量的定义和测试仪

动态变形模量(dynamic modulus of deformation):是指土体在一定大小的竖向冲击力 F_s 和冲击时间 t_s 作用下抵抗变形能力的参数。

动态平板载荷试验法:是采用动态变形模量测试仪来监控检测土体压实指标——动态变形模量 E_{vd} 值的试验方法。

动态变形模量测试仪也称"轻型落锤仪"(德文缩写:LFG),是用于检测土体压实指标动态变形模量的专用仪器(图7-7)。该仪器的工作原理是:利用落锤从一定高度自由下落在弹簧阻尼装置上,产生的瞬间冲击荷载,通过弹簧阻尼装置及传力系统传递给 $\phi 300\text{mm}$ 的承载板,在承载板下面(即测试面)产生符合列车高速运行时对路基面所产生的动应力,使承载板发生沉陷,即阻尼振动的振幅,由沉陷测定仪采集记录下来。沉陷值越大,则被测点的承载力越小;反之,则越大。

图 7-7 LFG 型动态变形模量测试仪

2. 测试仪的特点与应用前景

近年来，随着动态变形模量测试仪的研究、引进及应用，我国对该项技术的了解和掌握也在不断地深入。动态变形模量无论从定义、原理，还是仪器的精度、可靠性和操作等方面与地基系数 K_{30} 相比均具有明显的合理性和优越性。其中，动态变形模量为动载测试，符合土体实际受力状况，且动态变形模量测试仪体积小、重量轻、便于携带和安装、拆卸方便、操作简便、自动化程度高、测试速度快、性能稳定、测试精度高、检测费用低、适应范围广，设计上以人为本，无任何辐射、废气等污染，属于环保型技术。

在高速铁路工程应用中，动态变形模量测试仪的优势表现为以下 4 个方面：

(1)时间优势——检测速度快。高速铁路维修天窗点短，K_{30} 检测一点需要 30～60min，而 E_{vd} 只需要 2～3min。

(2)仪器优势——小型、便携。既有线路道碴已存在，E_{vd} 检测只需扒开直径 30cm 的面积即可，而 K_{30} 基准杆还需要较大的地方，加载装置也需要较大的空间。

(3)经济优势——检测费用低。E_{vd} 检测中不需要额外的大吨位加载装置，避免了台班费用，操作只需一个人即可完成，减少了人工费用。

(4)安全优势——易于快速撤离。E_{vd} 测试仪重量轻，一个人就可以提起并快速撤离。

综上所述，动态变形模量标准的采用，可真正实现试验方法的大幅度简化，减轻试验人员的劳动强度，提高检测效率。试验结果将更符合实际，更能保证测试结果的准确、客观，它的应用将使我国路基施工质量监控和检测技术达到国际先进水平。随着我国铁路行业有关动态变形模量的标准和规范的颁布与实施，也将会对其他领域，如公路、机场、水利、工业与民用建筑等产生影响，因此，动态变形模量标准将具有广阔的应用前景。

3. 仪器设备

(1)动态变形模量测试仪适用于粒径不大于荷载板直径 1/4 的各类土、土石混合填料、非胶结路面基层及改良土，测试有效深度为 400～500mm。广泛适用于铁路、公路、机场、城市交通、港口、码头、工业与民用建筑的地基施工质量监控测试，也能适用于场地狭小的困难地段的检测，如路桥(涵)过渡段及路肩的检测。

(2)动态变形模量测试仪由加载装置、荷载板和沉陷测定仪 3 部分组成(图 7-8)，各组成部分应符合下列要求：①加载装置主要由挂(脱)钩装置、导向杆、落锤、阻尼装置

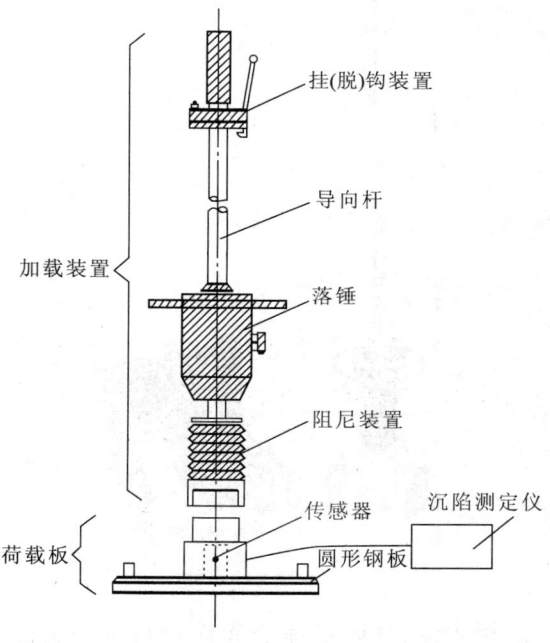

图 7-8 动态变形模量测试仪组成示意图

等组成。落锤重 10kg；最大冲击力 7.07kN；冲击持续时间 18±2ms；导向杆必须保持垂直、光洁。②荷载板主要由圆形钢板和传感器等组成。圆形钢板直径 300mm、厚度 20mm；传感器必须牢固密贴地安装在荷载板的中心位置上。③沉陷测定仪主要由信号处理、显示、打印机和电源等组成。

(3)动态变形模量测试仪的量程应符合下列要求。

沉陷测试范围：$(0.1～2.0)$mm±0.05mm；

E_{vd}测试范围：10MPa$<E_{vd}<225$MPa。

4. 检测步骤

(1)检测前的准备工作。①整平测试面，选择倾斜度不大于 5°的测试面，并确保其平整无坑洞。为使荷载板与地面良好接触，必要时可用少量的细中砂来补平。②将荷载板置于整平的测试面上并与测试面充分接触。③加载装置安装在荷载板上方就位。④用电缆线将荷载板与沉陷测定仪连接起来，并松开搬运锁。⑤将落锤提升至挂(脱)钩装置上挂住，然后使落锤脱钩并自由落下，当落锤弹回后将其抓住并挂在挂(脱)钩装置上，按此操作对测试面进行 3 次预冲击。

(2)检测。①打开沉陷测定仪电源开关。②调整水准泡，使导向杆与荷载板保持垂直。③按上述⑤的方式进行 3 次冲击测试。④沉陷测定仪屏幕上将显示检测结果，其中包括 3 次冲击测试的沉陷值及其平均值 s_m(以 mm 计)和动态变形模量值 E_{vd}(以 MPa 或 MN/m² 计)。试验结果由测试仪自动按下列平板压力公式计算：

$$E_{vd} = 1.5 \times r \times \sigma / s \tag{7-17}$$

式中：E_{vd} 为动态变形模量(MPa)，计算至 0.1MPa；

r 为圆形刚性荷载板的半径(mm)，即 $r=150$mm；

σ 为荷载板下的最大动应力，它是通过在刚性基础上，由最大冲击力 $F_s=7.07$kN 且冲击时间 $t_s=18$ms 时标定得到的，$\sigma=0.1$MPa；

s 为实测荷载板下沉幅值(mm)；

1.5 为荷载板形状影响系数。

(3)注意事项。①测试时测试点必须远离震源。②测试时应避免荷载板的移动和跳跃，必要时可通过脚踩荷载板来固定。③应严格按《仪器操作使用说明书》进行操作和仪器的保养与维护。④检测记录及检测报告中应注明每个测点的工程名称、检测部位、试验时间、土的种类、含水率、环境温度、仪器型号等相关的参数。

7.2.4 二次静态变形模量实验与测试

1. 实验要求

(1)平板载荷试验。其目的在于测出应力-位移曲线，并对地面的变形量与承载力的关系进行分析计算，通过应力-位移曲线得出变形模量 E_v。

在试验过程中,通过一圆形承载板和加载装置对地面进行反复依次地加载与卸载,将测得的承载板下的标准应力 σ_0 及其相应的位移 s 以应力-位移曲线的形式显示在图表上。

(2)变形模量。土体的变形模量 E_v 值是通过一次加载或重复加载测得的应力-位移曲线上 $0.5\sigma_{0max}$ 和 $0.7\sigma_{0max}$ 之间的位移割线斜率来确定的。

(3)二次变形模量。一次加载的变形模量值为一次变形模量,用 E_{v1} 表示;二次加载的变形模量值为二次变形模量,用 E_{v2} 表示。

2. 仪器设备

(1)进行平板荷载实验的前提条件。①加载反力装置(配重)。②平板载荷试验仪由承载板、盒式水准器、加载装置、液压泵、液压缸和高压软管组成。③垂直于承载面的用于检测力和承载板位移的装置。④用于变形模量计算的数据处理器。

(2)加载反力装置。在平板载荷试验中加载反力装置是必不可少的,它提供的反力至少要大于检测中必须达到的最大荷载 10kN 以上。载重机动车、压路机及适当固定的重物都可作为加载反力装置。

(3)承载板。承载板采用 S355J0 型钢制成。承载板的直径必须为 300mm,厚度为 25mm。而直径 600mm 和 762mm 的承载板的厚度必须为 20mm,并且有对称排列的支撑加筋肋,在它上面放置直径 300mm 的承载板时可当底面使用,其内安置的销子或锁定装置在抬起承载板时起固定作用。

(4)加载装置。加载装置是由一根至少 2m 长的高压软管将液压泵和液压缸连接而成的,并以此来实现对承载板的加载和卸载。为了使力的传递准确无误,液压缸必须两边固定,以防倾斜和翻倒。它的上升高度至少要能达到 150mm。

测试仪检测时的高度不得大于 600mm,为了调整与加载反力装置的距离,有时须附加一个延长装置,这一装置至少可以使液压缸达到 1000mm。加载装置延长部分要保证其抗压弯曲强度。

(5)测力装置。承载板与液压缸之间设有一个机械或电子的力传感器。测力装置对每次加载测试所得到的数据误差范围最高不得超过 1%。

压力显示值:对于直径 300mm 的承载板精度至少要求达到 $0.001MN/m^2$,对于直径 600mm 和 762mm 的承载板精度至少要求达到 $0.0001MN/m^2$。力显示值的精度必须与要求的压力显示值的精度一致。要求适应的工作环境温度范围为 0~40℃。

(6)位移测试装置。位移测试原理如图 7-9 所示。位移测试装置可分为两种:一种是可旋转的测量臂位移测试装置[图 7-9(a)];另一种是单轴可伸缩移动的测量臂位移测试装置[图 7-9(b)]。前者只适用于检测深度至 0.3m 的坑槽;后者可以检测较深的坑槽。

位移测试装置由以下部分组成:三点支撑式支架、垂直可移动的扭转和弯曲的测量臂、位移传感器(即测量表)。

承载板中心点到支架轴心的距离必须为(1500±5)mm。

杠杆比 $h_p:h_M$ 必须确定,但可在允许范围内调整,比值不得超过 2.0。

第七章 路基填料分析

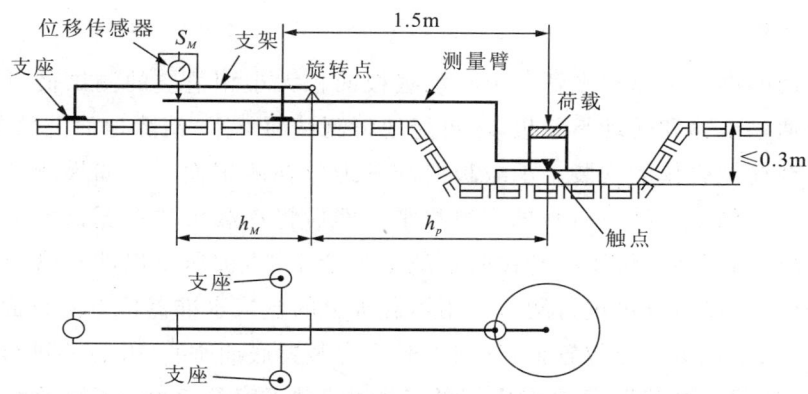

(a) 按照杠杆原理设计的可旋转的测量臂,位移测试时要考虑杠杆的比例 $h_p : h_M$

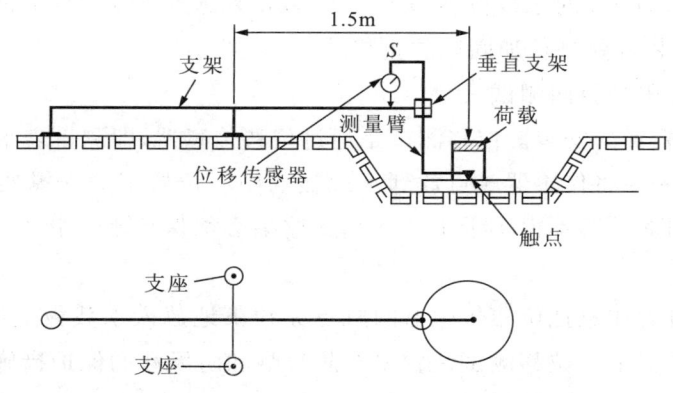

(b) 单轴可伸缩移动的测量臂,位移测试比例为1∶1

图 7-9 带触点的位移测试装置图

使用直径 300mm 和 600mm 的承载板检测时,位移测试装置的位移量程必须满足 10mm;使用直径 762mm 承载板检测时,位移量程必须满足 15mm,承载板位移测试误差不得超过 0.04mm。测试值显示精确度至少要达到 0.01mm。要求适应的工作环境温度范围为 0~40℃。

(7) 辅助仪器有铲、钢尺(长度分别为 400mm、700mm 或 800mm)、刷子、抹刀、刮刀、直角三角板、测锤、折叠尺、干中砂、石膏、油、遮阳挡风装置。

(8) 平板载荷试验仪的标定及校验必须按照规定执行。平板载荷试验仪出厂前和维修后都必须进行标定,且每年标定一次。

(9) 试验的前提条件。平板载荷试验适用于粗颗粒土、混合颗粒土、塑性硬质细颗粒土的检测。检测时,承载板下面不能有大于承载板直径 1/4 的颗粒。

快干性等粒径的砂子、地面表层硬化或软化、试验前地面表层受到破坏的地方不符合检测条件。被测土体的密度必须尽可能保持不变。

细粒土(粉砂、黏土)只有在压实的条件下方可进行检测。在不确定的情况下,要对地面不同深度进行检测,地面以下最深至 d(d=承载板直径)。

3. 实验步骤

（1）测试面的准备工作。准备一个与承载板面积大小相适应的测试面，借助工具（钢尺、抹刀），或通过推移和转动承载板，尽可能地将测试面整平，清除地面上的杂物。

（2）平板载荷试验仪的安装。承载板要准确地放在测试面上。如果测试面稍有不平整，可用几毫米厚的干中砂或石膏糊充填找平。然后将承载板放在测试面上转动并轻砸使承载板与测试面密贴。使用石膏糊时承载板下会很滑，被压挤出的石膏应在凝固前清除。等到石膏凝固以后方可进行测试。用承载板上的盒式水准器检查测试面是否水平。

液压缸放在承载板中心位置上，并与加载反力装置底面垂直，并且要进行加固以防倾倒。承载板与加载反力装置着地点之间的净距离，对于直径300mm的承载板不得小于0.75m，对于直径600mm的承载板不得小于1.10m，对于直径762mm的承载板不得小于1.30m。加载反力装置要进行加固以防止移动。

以上要求也适用于斜面测试。

（3）位移测试装置的安装。位移测试是通过位移传感器，即测量表来完成的。测量承载板的位移时，首先要将传感器触点放到承载板的中心位置上。支撑架的着地点与加载装置的着地点之间的距离不得小于1.25m。支撑架必须保持水平状态，位移传感器必须垂直于测试面。

安装承载板时需注意把位移传感器的触点无约束地放入承载板上的测量孔中，并保持在承载板中心位置上。位移测试装置要有防日晒和防风沙的保护措施。检测进行中平板载荷试验仪和加载装置不得晃动。

（4）预加载。在平板载荷试验开始进行之前，将力和位移传感器调整到零值。然后对承载板进行预加载约30s，对于直径300mm和600mm的承载板预加应力为0.01MN/m^2，对于直径762mm的承载板预加应力为0.005MN/m^2。该级荷载下的位移传感器显示为零值。

（5）加载与卸载。平板载荷试验预计要达到的最大荷载和（或）最大位移是根据各自的检测目标位移、土的性质和承载板尺寸大小来确定的。要测得变形模量E_v值必须至少分6级进行等时间间距的加载，来达到预定的最大应力值。从一级到下一级的荷载量值变化必须在1min内完成。承载板的卸载按最大荷载的50%、25%、0%三级进行。卸载后按照前面同样的操作步骤，保持与前面各级相同的荷载范围进行下一轮（第二次）加载，但只是加到第一轮荷载的最后一级。

每次加载与卸载时，必须在本级荷载达到要求值开始算起120s后，方可进行下一级荷载变化的操作。对于交通道路工程的持力层可将该等待时间缩短为60s。荷载在每一加载等级上要保持恒定。检测结果必须在每次荷载变化前填入检测记录表上。

在交通道路工程中，原则上使用直径300mm的承载板，使荷载不断增加，直到承载板的标准应力达0.5MN/m^2为止。如果位移先达到了5mm，则将其所对应的标准应力值作为最大应力值。使用直径600mm的承载板时，相应的极限值为0.25MN/m^2和8mm。

第七章　路基填料分析

使用直径762mm的承载板时，相应的极限值为0.2MN/m² 和13mm。

在出现异常检测结果时，很可能是承载板倾斜过大或沉陷过大造成的，这时测试点的土要挖到一定的深度，使测试面与承载板的直径相适应。同时，在地质情况有差异时，若土体压实度不同或遇到石块等，都应在检测记录中加以注明。

如果被检测的土体中有颗粒强度极小（如珍珠岩），或者当荷载增加时位移出现很大的增长，则表明土体已处于破坏的临近状态，在这种较小的位移和一般的应力情况下，平板载荷试验都将会被终止。

检测中如果意外出现了一个大于预定的加载值，不可对其改动，而是应将其记录在检测报告上并加以注明。

说明：在二次加载结束后，尽管卸载后没有再继续加载，也可能会有第三次加载曲线出现的现象。

(6) 测试结果的分析、计算和表示。

(a) 应力-位移曲线。将施加每一级荷载的平均标准应力 σ_0 所对应的测量表，即位移传感器的读数 M 填写到记录表格中。读数 M 及其对应承载板的位移根据图7-9中的测试原理，按下列方程式计算得出：

$$S = S_M \cdot h_p / h_M \tag{7-18}$$

由对应于每次加载与卸载测试在图中标注的点，绘出归属的应力-位移曲线。为了区分加载与卸载的不同，必须用箭头在曲线上标明方向。

检测记录必须包括以下内容：检测点位置、承载板直径、位移检测装置的类型（适当的时候要说明杠杆比 $h_p : h_M$）、土体种类、测试面的平整程度、天气和温度、时间和日期、检测人员姓名、位移测试结果及相应的标准应力值、应力-位移曲线、检测数据分析与计算，适当的时候要在检测后描述测试面的表面情况。

(b) 变形模量 E_v 的计算。变形模量是基于一次加载和二次加载的应力-位移曲线，通过二次多项式方程计算得到的：

$$s = \alpha_0 + \alpha_1 \cdot \sigma_0 + \alpha_2 \cdot \sigma_0^2 \tag{7-19}$$

式中：s 为承载板的位移(mm)；

σ_0 为承载板下的平均标准应力(MN/m²)；

α_0 为二次多项式中的系数(mm)；

α_1 为二次多项式中的系数[mm/(MN/m²)]；

α_2 为二次多项式中的系数[mm/(MN²/m⁴)]。

变形模量 E_v 由下式计算：

$$E_v = 1.5 \cdot r \cdot 1/(\alpha_1 + \alpha_2 \cdot \sigma_{0\max}) \tag{7-20}$$

式中：E_v 为变形模量(MN/m²)；

r 为承载板半径(mm)；

$\sigma_{0\max}$ 为最大平均标准应力(MN/m²)。

一次加载的变形模量值用 E_{v1} 表示,二次加载的变形模量值用 E_{v2} 表示。

7.3 路基填料要求

7.3.1 路基填料的一般规定

工程实践表明,采用优质的填料可以减少路基的后期沉降,且有较高的安全储备,能保证路基稳定。高速铁路对路基下部填料的要求:①在列车和路基自重荷载及水、气温、地震的影响下,路基能保持长期稳定;②路基本身压缩沉降能很快完成;③路基应有一定的弹性。国内外对高速铁路观测结果表明,采用级配良好的粗颗粒填料可大大减少路基的后期沉降,因此,只要能满足上述要求者都可以作为高速铁路路基填料。

我国最新设计技术条件下的无砟轨道路基要求,基床表层应采用级配碎石或级配砂砾石和沥青混凝土,基床表层和混凝土支承层的总厚度为 0.7m,并要求级配碎石粒径满足表 7-4,或级配砂砾石粒径满足表 7-5。沥青混凝土所用矿料质量、级配、粉尘含量、软弱颗粒含量,以及沥青混凝土的沥青含量、马歇尔稳定度、级配等应符合高速铁路的有关规定。

表 7-4 基床表层级配碎石粒径级配表

方孔筛孔边长（mm）	45	31.5	22.4	7.1	1.7	0.5	0.1	0.075
过筛质量百分率（%）	100	82～100	67～91	41～75	13～46	7～32	0～11	0～7

表 7-5 基床表层砂砾石粒径级配表

方孔筛孔边长（mm）	重量百分比(%)			
	1	2	3	4
60	100～97			
50	100～95	100		
40	99～90	100～90	100	
30	90～84	93～80	100～90	100
20	94～76	85～65	95～75	100～85
10	85～65	70～45	70～50	80～60
5	77～54	55～30	55～30	50～30
2	67～40	35～15	30～15	30～15
0.5	51～23	20～10	20～10	20～10
0.075	23～3	10～4	10～4	10～4

第七章　路基填料分析

铁路路基填料的分类主要依据土类和小于 0.075mm 细颗粒含量两个指标来划分,并考虑与压实要求相关性质和适用条件分成 A、B、C、D、E 5 个组。其中 D 组为高液限粉土、粉质黏土、黏土,很少用作填料;E 组为有机土类,不能作为填料。高速铁路路基基床底层应选用 A、B 组填料或改良土,当碎石类作为基床底层填料时,应级配良好,其粒径应不大于 10cm(表 7-6)。基床以下路基应选用 A、B 组填料和 C 组碎石类、砾石类填料,当选用 C 组细粒土填料时,应根据填料性质进行改良;当选用硬质岩石及不易风化的软质岩的碎石时,应级配较好,块石类填料的粒径不得大于 15cm。

表 7-6　我国铁路路基填料分类

填料	A 组	B 组	C 组
碎石类	级配良好的碎石、含土碎石	级配不好的碎石、含土碎石、细粒含量为 15%～20% 的土质碎石	细粒料含量大于 30% 的土质碎石
砾石类	级配良好的粗圆砾、粗角砾、细圆砾、细角砾,级配良好的含土粗圆砾、含土粗角砾、含土细圆砾、含土细角砾	级配不好的粗圆砾、粗角砾、细圆砾、细角砾,级配不好的含土粗圆砾、含土粗角砾、含土细圆砾、含土细角砾,细粒含量 15%～30% 的土质粗圆砾、土质粗角砾、土质细圆砾、土质细角砾	细粒含量大于 30% 的土质粗圆砾、土质粗角砾、土质细圆砾、土质细角砾
砂石类	级配良好砾砂、粗砂、中砂、含土砾砂、含土粗砂、含土中砂、含土细砂	级配良好细砂,级配不好的砾砂、粗砂、中砂,细粒含量大于 15% 的含土砾砂、含土粗砂、含土中砂	级配不好的细砂、含土细砂、粉砂
细土类			低液限粉土、粉质黏土、黏土

对于软质岩、强风化岩、土质路堑地段,基床表层应换填级配碎石或级配砂砾石;对于弱风化或未风化硬质岩地段,若为非可溶岩时,基床表层及以下不换填,若为可溶岩时,基床表层应换填 0.2m 的 C20 混凝土,同时应采用 C15 片石混凝土嵌补凹坑、溶沟、溶槽及溶蚀裂隙等;对处于基床底层范围内的土不满足基床土质及压实标准时,应进行换填处理,换填要求见表 7-7。

表 7-7 路堑地段基床表层以下换填数量表

换填厚度 (m)	换填填料	适用的路基及地质条件	备 注
1.0	A、B 组填料	强风化硬质岩	换填底部铺复合土工膜
1.5	A、B 组填料	弱风化软质岩、半干硬一般黏性土（含全风化层）	
1.8	A、B 组填料	弱风化软质岩、半干硬一般黏性土（含全风化层）	
2.3	A、B 组填料	膨胀土、红黏土、膨胀岩等特殊岩土	

7.3.2 路基填料的选择及压实标准

1. 基床表层填料的选用

对于Ⅰ级铁路应选用 A 组填料（砂类土除外），当缺乏 A 组填料时，通过经济比选后可采用级配碎石或级配砂砾石。对于Ⅱ级铁路应优先选用 A 组填料，其次为 B 组填料。对不符合要求的填料，应采取土质改良或加固措施。填料的颗粒粒径不得大于 150mm。

基床表层的压实标准：对细粒土、粉砂、改良土应采用压实系数和地基系数作为控制指标；对砂类土（粉砂除外）应采用相对密度和地基系数作为控制指标；对砾石类、碎石类、级配碎石或级配砂砾石应采用地基系数和孔隙率作为控制指标。

2. 基床底层填料的选用

对于Ⅰ级铁路应选用 A、B 组填料。否则应采取土质改良或加固措施。对于Ⅱ级铁路可选用 A、B、C 组填料，当采用 C 组填料时，在年平均降水量大于 500mm/a 地区，其塑性指数不得大于 12、液限不得大于 32%，否则应采取土质改良或加固措施。填料的最大粒径应不大于 200mm，或摊铺厚度的 2/3。

基床底层的压实标准：对细粒土、粉砂、改良土应采用压实系数和地基系数作为控制指标；对砂类土（粉砂除外）应采用相对密度和地基系数作为控制指标；对砾石类、碎石类应采用地基系数和孔隙率作为控制指标；对块石类应采用地基系数作为控制指标。

3. 路堤基床以下部位填料的选用

路堤基床以下部位宜选用 A、B、C 组填料。当选用 D 组填料时，应采取加固或土质改良措施。严禁使用 E 组填料。

路堤基床以下部位的压实标准：对细粒土、粉砂、改良土应采用压实系数和地基系数作为控制指标；对砂类土（粉砂除外）应采用相对密度和地基系数作为控制指标；对砾石类、碎石类应采用地基系数和孔隙率作为控制指标；对块石类应采用地基系数作为控制指标。

7.4 路基填料的改良技术

1. 改良土的定义和分类

我国铁路部门对改良土的一般定义是,通过在土体中掺入石灰、粉煤灰、水泥、固化剂等材料的处理,提高了工程性能指标的土体。改良土中的石灰、粉煤灰、水泥称为无机结合料,在国外常称为水硬性结合料。我国公路、水利和建筑等部门也将改良土称为稳定土或固化土,有时将无机结合料或土壤固化剂与土相互拌和而成的混合物,称为固化类混合料,简称混合料。

改良土根据所掺入固化类材料的不同可分为石灰改良土、粉煤灰改良土、水泥改良土、水泥或石灰粉煤灰改良土和固化剂改良土等。国外对于改良土的分类较细,以最常用的水泥改良土为例,美国按水泥掺量的不同分为以下几种。

(1)水泥土:一种粉碎了的土和水泥、水的拌和混合物,经机械压实和养护后形成的坚硬材料,它具有所需要的强度和耐久性。水泥土按混合物中的含水量可分为干硬性水泥土和湿塑性水泥土,按土料粒径可分为细粒状水泥土和粗粒状水泥土,等等。

(2)水泥改良土:一种粉碎了的土和水泥、水的不坚硬或半坚硬混合物,它通常只是改善了土的物理性质,如降低土的塑性指数、减少体积变形等,因此水泥掺量小于水泥土。

(3)水泥处理土:一种粉碎了的土和水泥、水的拌和混合物,没有质量要求,仅表示水泥和水掺入土中。

2. 改良土的特点

水泥、石灰和粉煤灰改良土在公路及其他部门已经大量使用了多年,积累了十分丰富的经验。这些传统的无机结合料改良土比起改良前的土料在工程技术性能等方面均有不同程度的提高和改善,主要表现在以下几个方面:

(1)改善土的力学性能,降低土的塑性,增大土的凝聚力和内摩擦角,有效地提高了土的抗剪强度,使土的承载力、固结特性和可压实性得到显著改善。

(2)使土的水稳性、抗冻性和耐干湿循环能力等耐久性能有所改善。

(3)强度和耐久性随着时间的延续不断增长。

(4)扩大了土料的应用范围,使可用土料地区分布广泛、原料十分充足。

(5)施工技术较为成熟,使用成本低。

第八章 软土路基沉降 Biot 固结有限元分析

Biot 固结理论考虑了土体固结过程中孔隙水压力消散和土骨架变形之间的耦合作用，是较为合理、完整的固结理论。Sandhu 和 Wilson(1969)运用变分原理首先提出了 Biot 固结方程有限单元法公式。Chirstian 和 Boehmer(1970)结合有限元和有限差分法求解 Biot 固结方程。在国内沈珠江(1977)首先把 Biot 固结理论有限单元法应用于固结分析，他对位移和孔隙水压力都取线形模式，应用变分原理得到 Biot 固结有限元方程。殷宗泽等(1978)根据流量平衡的概念，结合虚功原理得到了类似的方程。龚晓南(1981)采用等价结点流量等于等价结点压缩量的黏土饱和条件，先后推导了 Biot 固结理论连续方程。近年来，国内外根据 Biot 固结理论，应用有限单元法求解地基固结沉降问题已有较大的发展。

本章系统阐述了 Biot 固结理论的有限元解法、各种材料的本构模型及非线性有限元分析方法，讨论了有限元分析中的一些问题及其处理方法，编制了基于 Biot 固结到三维非线性有限元程序 ZBP，并用经典的一维算例进行了验证。结果表明，本书编制的程序是可靠的，并为以后章节的工作提供了理论基础。

8.1 Biot 固结有限元方程

1. Biot 固结有限元方程

$$\begin{bmatrix} \overline{K} & K' \\ K'^T & \widetilde{K} \end{bmatrix} \begin{Bmatrix} \delta \\ \beta \end{Bmatrix} = \begin{Bmatrix} R \\ S \end{Bmatrix} \tag{8-1}$$

在土体非线性有限元计算中常使用增量法，这就要求位移用增量表示，以便计算应力增量。至于孔隙压水力，由于孔隙水的流动决定于孔压全量的分布，在计算过程中也不需要计算孔压，故仍取全量。下面给出以增量表示的 Biot 固结有限元方程：

$$\begin{bmatrix} \overline{K} & K' \\ K'^T & \widetilde{K} \end{bmatrix} \begin{Bmatrix} \Delta\delta \\ \beta \end{Bmatrix} = \begin{Bmatrix} R - R_t \\ 0 \end{Bmatrix} \tag{8-2}$$

式中：$\overline{K}$ 为结点位移产生的刚度矩阵；

K' 为结点孔压产生的刚度矩阵；

K'^T 为体积变形矩阵；

$\widetilde{K}$ 为渗透流量矩阵；

$\{\Delta\delta\}$ 为结点位移增量，$\Delta\delta = (\Delta u, \Delta v, \Delta w)$；

$\{\beta\}$ 为结点孔隙水压力；

$\{R\}$ 为结点荷载；

$\{R_t\}$ 为 $t - \Delta t$ 时刻以前发生的位移相对应的应力所平衡的荷载。

2. Biot 固结有限元法求解过程

(1) 连续体的离散化和时间的离散。连续体离散化（又称单元划分），即将给定的连续体分割成有限个单元，并在单元体指定点设置结点，使相邻单元的有关参数具有一定的连续性，并构成一个单元的集合体，以代替原来的结构。时间离散（又称时段划分），即对计算起始($t=0$)到计算终了的时间段进行离散。由于土工问题中荷载一般随时间而变，故荷载也被同时离散（又称分级）。

(2) 固结有限元方程的整体组装。形成各单元的单元劲度矩阵和等效结点荷载，并进行整体组装，得到含有结点未知量（结点位移和孔压）的线性方程。

(3) 引入边界条件。引入位移边界条件和孔压边界条件。

(4) 求解线性方程组。采用半带宽存储解法或波阵解法等求解以上得到的线性方程组，即可得到位移增量和孔隙压力，并计算出结点位移和孔隙压力值。

(5) 计算结点应力。根据结点位移增量计算本级荷载引起的有效应力增量，并计算本级有效应力。

8.2 路堤软土地基的本构模型

对于土体的有限元计算，本构模型的选择尤其重要，分析土体变形的本构模型有很多种，对于软土比较实用的是考虑其非线性特征的 Duncan-Zhang 双曲线模型。该模型为非线性弹性模型的代表，能把总变形中塑性变形部分也当作弹性变形处理，通过弹性模量的调整来近似地考虑这部分塑性变形，用于增量计算时能反映应力路径对变形的影响和土体变形的主要规律。但由于 Duncan-Zhang 模型是通过弹性常数的调整来反映土体的塑性变形，并且使用虎克定律，所以不能反映剪胀性，同样不能反映软化。但对于软土而言，在受剪过程中，结构变得紧密，一般表现为剪缩，随着强度的增加，呈现硬化特性。故本书采用 Duncan-Zhang 双曲线模型。Duncan-Zhang 应用了切线杨氏模量及切线泊松比的函数形式。他们把三轴压缩试验所得到的应力-应变曲线表示为双曲线，并建立了在有限元增量分析中应用它的公式。

1. 切线模量 E_t

根据康德纳(Kondner)的建议，三轴试验的应力、应变关系近似为双曲线关系（图 8-1），在试样的周围压力 σ_3 不变时：

$$\sigma_1 - \sigma_3 = \frac{\varepsilon_a}{\dfrac{1}{E_i} + \dfrac{\varepsilon_a R_f}{(\sigma_1 - \sigma_3)_f}} \tag{8-3}$$

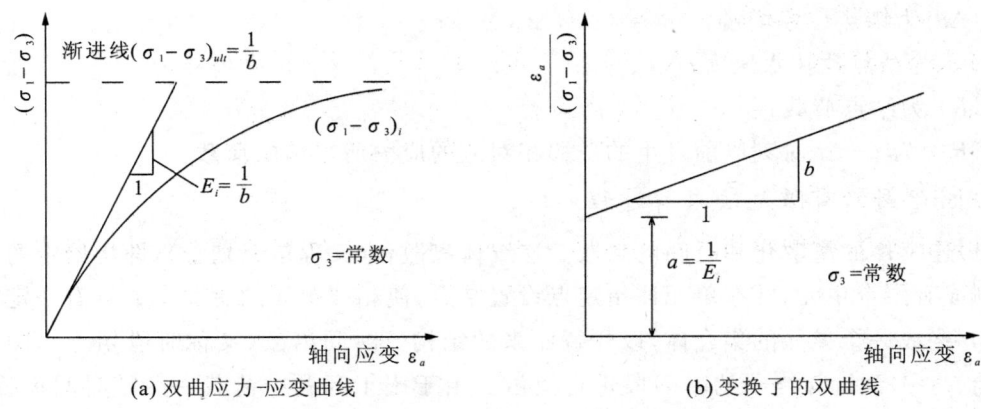

(a) 双曲应力-应变曲线　　　　　(b) 变换了的双曲线

图 8-1　应力-应变曲线图

式中：$(\sigma_1-\sigma_3)_f$ 为试样破坏时的主应力差；

R_f 为破坏比，其定义为：

$$R_f = \frac{(\sigma_1-\sigma_3)_f}{(\sigma_1-\sigma_3)_{ult}} \tag{8-4}$$

式(8-3)对轴应变 ε_a 求导数，得到在曲线上任一点的切线模量为：

$$E_t = \frac{\dfrac{1}{E_i}}{\left[\dfrac{1}{E_i} + \dfrac{R_f \varepsilon_a}{(\sigma_1-\sigma_3)_f}\right]^2} \tag{8-5}$$

式(8-3)可改写为：

$$\varepsilon_a = \frac{\sigma_1-\sigma_3}{E_i\left[1-\dfrac{R_f(\sigma_1-\sigma_3)}{(\sigma_1-\sigma_3)_f}\right]} \tag{8-6}$$

由以上两式得到：

$$E_t = \left[1-\frac{R_f(\sigma_1-\sigma_3)}{(\sigma_1-\sigma_3)_f}\right]^2 E_i \tag{8-7}$$

根据简布(Janbu)的研究，初始切线模量 E_i 与固结压力 σ_3 的关系可表示为：

$$E_i = KP_a\left(\frac{\sigma_3}{P_a}\right)^n \tag{8-8}$$

式中：K、n 为由试验确定的参数，由 E_i 与 σ_3 的关系求得(图 8-2)；

P_a 为大气压力，单位与 E_i 相同，引入它以使 K 成为无量纲的数。

根据莫尔-库仑屈服准则得：

$$(\sigma_1-\sigma_3)_f = \frac{2c\cos\varphi + 2\sigma_3\sin\varphi}{1-\sin\varphi} \tag{8-9}$$

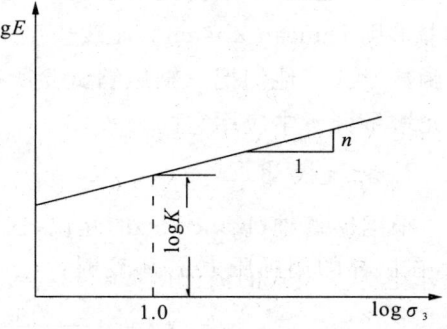

图 8-2　初始切线模量与固结压力关系图

式中：c、φ 为土的凝聚力和内摩擦角。

将式(8-8)、式(8-9)代入式(8-7)，得到了以下切线模量表达式：

$$E_t = \left[1 - \frac{R_f(1-\sin\varphi)(\sigma_1-\sigma_3)}{2c\cos\varphi + 2\sigma_3\sin\varphi}\right]^2 KP_a\left(\frac{\sigma_3}{P_a}\right)^n \quad (8-10)$$

2. 切线泊松比 μ_t

切线泊松比 μ_t 的表达式是库哈维(Kulhawy)等采用与推导切线模量相似的方法得到的。

$$\mu_t = \frac{G - F\log(\frac{\sigma_3}{P_a})}{(1-A)^2} \quad (8-11)$$

$$A = \frac{(\sigma_1-\sigma_3)D}{KP_a(\frac{\sigma_3}{P_a})^n\left[1 - \frac{R_f(1-\sin\varphi)(\sigma_1-\sigma_3)}{2c\cos\varphi+2\sigma_3\sin\varphi}\right]} \quad (8-12)$$

式(8-10)、式(8-11)共 8 个参数，即 K、n、R_f、c、φ、F、G、D 都是由三轴试验确定的。在退荷与再加荷情况下，应力和应变接近于直线关系，这时弹性模量采用下式：

$$E_{ur} = K_{ur}P_a\left(\frac{\sigma_3}{P_a}\right)^n \quad (8-13)$$

而 μ_t 仍用加载时的模型。在式(8-11)算得的 μ_t 有时可能大于 0.5，在试验中测得的 ν 值也有可能超过 0.5，这是由于土体存在剪胀性。然而有限元计算中，ν 若大于或等于 0.5，劲度矩阵就会出现异常。因此，实际计算中，当 $\nu > 0.49$ 时，令 $\nu = 0.49$。

8.3 单元类型及其刚度矩阵

本书采用空间八节点等参单元作为土体单元(图 8-3)。在单元的 8 个节点上，每个结点均有 4 个自由度，即 3 个位移自由度 u、v、w 和 1 个孔压自由度 p。按空间八节点等参单元的等参变换原则，单元中任意一点的位移和孔压有：

$$\{f\} = [N]\{\delta\}^e \quad (8-14)$$

$$\{p\} = [\overline{N}]\{p\}^e \quad (8-15)$$

式中：$\{\delta\}^e = \{u_1 v_1 \omega_1 u_2 v_2 \omega_2 \cdots u_8 v_8 \omega_8\}^T$ 为单元结点位移列阵(24×1 阶)；

$\{p\}^e = \{p_1 p_2 \cdots p_8\}^T$ 为单元结点超静孔隙压力列阵(8×1 阶)；

$[N] = [IN_1 IN_2 \cdots IN_8]$ 为形函数矩阵(3×24 阶)，此处 I 为三阶单元矩阵；

$[\overline{N}] = [N_1 N_2 \cdots N_8]$ (1×8 阶)。

$N_1 N_2 \cdots N_8$ 为空间八节点等参单元的形函数，它是局部坐标 ξ、η、ζ 的函数。同时也兼作坐标变换式的插值函数，其具体形式为：

$$N_i = (1+\xi_i\xi)(1+\eta_i\eta)(1+\zeta_i\zeta)/8, \quad (i=1,2,\cdots,8) \quad (8-16)$$

式中：ξ、η、ζ 为单元结点的局部坐标。

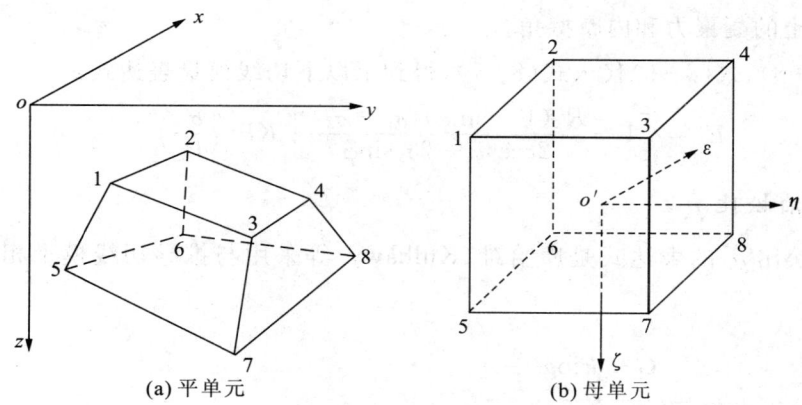

图 8-3 空间八节点等参单元

1. 结点位移产生的刚度矩阵 $\overline{K}$

单元刚度矩阵(24×24)为：

$$[\overline{K}] = \iiint_{V_e} [B]^T[D][B] \mathrm{d}x\mathrm{d}y\mathrm{d}z \tag{8-17}$$

式中：$[B]$ 为应变矩阵，其表达式为：$[B] = [B_1 \quad B_2 \quad \cdots \quad B_8]_{6\times24}$，

其中，$[B_i] = \begin{bmatrix} \dfrac{\partial N_i}{\partial x} & 0 & 0 \\ 0 & \dfrac{\partial N_i}{\partial y} & 0 \\ 0 & 0 & \dfrac{\partial N_i}{\partial z} \\ \dfrac{\partial N_i}{\partial y} & \dfrac{\partial N_i}{\partial x} & 0 \\ 0 & \dfrac{\partial N_i}{\partial z} & \dfrac{\partial N_i}{\partial y} \\ \dfrac{\partial N_i}{\partial z} & 0 & \dfrac{\partial N_i}{\partial x} \end{bmatrix}_{6\times3} \quad (i=1,2,\cdots,8)$

$[D]$ 为弹性矩阵，可表示为：$\begin{bmatrix} D_1 & & & & & \\ D_2 & D_1 & & \text{对} & \text{称} & \\ D_2 & D_2 & D_1 & & & \\ 0 & 0 & 0 & D_3 & & \\ 0 & 0 & 0 & 0 & D_3 & \\ 0 & 0 & 0 & 0 & 0 & D_3 \end{bmatrix}_{6\times6}$

其中：$D_1 = \dfrac{E(1-\mu)}{(1+\mu)(1-2\mu)}$，$D_2 = \dfrac{E\mu}{(1+\mu)(1-2\mu)}$，$D_3 = \dfrac{E}{2(1+\mu)}$。

2. 结点位移产生的刚度矩阵 K'

单元刚度矩阵(24×8)为：

$$[K'] = \iiint_{V_e} [B]^T [M] [\overline{N}] \mathrm{d}x\mathrm{d}y\mathrm{d}z \tag{8-18}$$

式中：$[M] = [1\ 1\ 1\ 0\ 0\ 0]^T$；$[\overline{N}] = [N_1\ N_2\cdots N_8]$。

其中 N_i 用公式(8-16)计算。

3. 体积变形矩阵 K'^T

单元刚度矩阵(8×24)为：

$$[K'^T] = \iiint_{V_e} [\overline{N}][M][B] \mathrm{d}x\mathrm{d}y\mathrm{d}z \tag{8-19}$$

4. 渗透流量矩阵 $\widetilde{K}$

单元刚度矩阵(8×8)为：

$$[\widetilde{K}] = \iiint_{V_e} [B_s]^T [k] [B_s] \mathrm{d}x\mathrm{d}y\mathrm{d}z \tag{8-20}$$

式中：$[B_s] = \{\nabla\}[\overline{N}] = \begin{Bmatrix} \dfrac{\partial}{\mathrm{d}x} \\ \dfrac{\partial}{\mathrm{d}y} \\ \dfrac{\partial}{\mathrm{d}z} \end{Bmatrix} [N_1\ N_2\ \cdots\ N_8]$，$[k] = \dfrac{\Delta t}{\gamma_w} \begin{bmatrix} k_h & 0 & 0 \\ 0 & k_h & 0 \\ 0 & 0 & k_v \end{bmatrix}$

其中，k_h、k_v 为水平向、竖直向渗透系数；

Δt 为时间步长；

γ_w 为水的容重。

8.4 有限元非线性分析方法

有限元法可用于分析由材料特性引起的材料非线性问题以及由结构的大变形引起的几何非线性问题。在土工结构中，这两种非线性均存在，但研究问题时主要是考虑材料非线性，因此本书着重进行材料非线性分析。

材料非线性，即材料的应力-应变关系不呈直线，而为曲线。在对其进行有限元分析时，单元仍满足几何条件，不过物理关系不再满足 Hooker 定律。这种非线性关系反映到本构关系式上，就是弹性矩阵 $[D]$ 不是常量，而是随应变(力)改变的。由此，劲度矩阵 $[K]$ 也随应变(力)而变，进而随结点位移而变。所以整个结构的平衡方程组变为：

$$[K(\delta)]\{\delta\} = \{R\} \tag{8-21}$$

式中:$\{\delta\}$ 为结点位移;

$\{R\}$ 为结点荷载列阵。

式(8-21)不再是结点位移的线性方程组,而成为非线性方程组。求解这样的非线性方程组是结构分析中的一个重要部分。在非线性有限元法研究的发展过程中出现过多种求解方法,大致可分为两种:迭代法和增量法,它们的适用范围不同。与线性分析不同,在非线性分析中很难找到一种适合各类不同非线性程度的解法,而都只能用一些近似的方法处理。

8.4.1 迭代法

迭代法就是将荷载一次施加于结构,不断地修正劲度或调整荷载,来逐步逼近真实解,而每次迭代都要作一次线性有限元计算。它可分为割线迭代法、余量迭代法和初应力(应变)迭代法等。

1. 割线迭代法

假定非线性的全量应力与全量应变关系是已知的,即弹性矩阵$[D]$随应力的变化是已知的。$[D]$相当于图8-4(a)中割线的斜率。对于弹性非线性问题,它含有弹性常数,叫割线弹性常数,如割线弹性模量E_S,割线泊松比v_S。在有限元计算中,把荷载$\{R\}$全部作用于结构,先取一组适当的弹性常数E_{S1}和v_{S1},形成劲度矩阵$[K]_1$,解得位移的第一次近似值$\{\delta\}_1$,如图8-4(b)中的M_1点。由$\{\delta\}_1$解得各单元的应变$\{\varepsilon\}_1$和应力$\{\sigma^*\}_1$,如图8-4(a)中的N_1点。$\{\sigma^*\}_1$不一定符合给定的非线性关系,则在非线性的σ与ε的关系上找出$\{\varepsilon\}_1$所对应的$\{\sigma\}_1$。再由$\{\varepsilon\}_1$和$\{\sigma\}_1$确定割线弹性常数的第二次近似值E_{S2}和v_{S2},形成新的劲度矩阵$[K]_2$,解第二次位移近似值$\{\delta\}_2$。如此反复直至前后两次位移解相当接近为止,这时的位移、应变和应力就是所求的解。

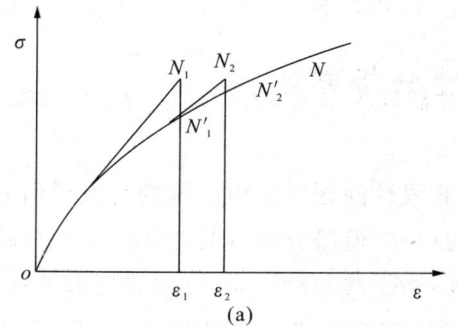
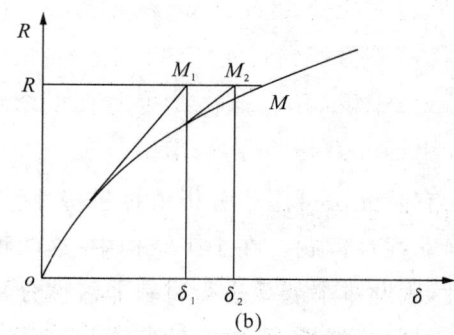

图8-4 割线迭代法

2. 余量迭代法

余量迭代法是先将总荷载施加于结构作一次有限元计算,解得的应变在非线性关系上所对应的应力,一般地与外荷载是不平衡的。则从总荷载中扣除计算应力所平衡了的那部分荷载，仅将剩余的荷载施加于结构，作迭代计算(图 8-5)。

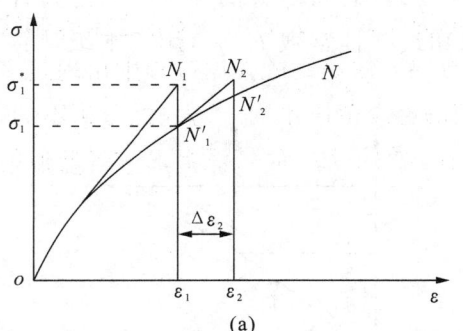 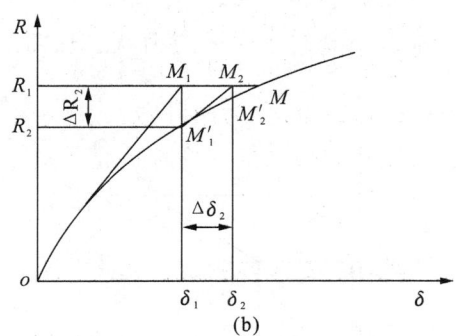

图 8-5 余量迭代法

3. 初应力(应变)迭代法

如果结构存在初应力$\{\sigma_0\}$和初应变$\{\varepsilon_0\}$，则应力-应变关系可表示为：
$$\{\sigma\} - \{\sigma_0\} = [D](\{\varepsilon\} - \{\varepsilon_0\}) \tag{8-22}$$
即：$\{\sigma\} = [D](\{\varepsilon\} - \{\varepsilon_0\}) + \{\sigma_0\}$

对于初应力法，将非线性的应力-应变关系表示为：
$$\{\sigma\} = [D]\{\varepsilon\} + \{\sigma_0\} \tag{8-23}$$

通过初应力$\{\sigma_0\}$的变化来反映$\sigma\text{-}\varepsilon$的非线性关系，将其引入有限元计算，就可实现把弹性的解答修正到真实的解答上，这种方法便是初应力法。

对于初应变法，将非线性的应力-应变关系表示为：
$$\{\sigma\} = [D](\{\varepsilon\} - \{\varepsilon_0\}) \tag{8-24}$$

通过初应变$\{\varepsilon_0\}$的变化来反映$\sigma\text{-}\varepsilon$的非线性关系，将其引入有限元计算，就可实现把弹性的解答修正到真实的解答上，这就是初应变法。

一般来说，当$\sigma\text{-}\varepsilon$曲线能表示成$\{\sigma\} = f(\{\varepsilon\})$的显性关系时，采用初应力法；反之，如表示成$\{\varepsilon\} = f(\{\sigma\})$时，则采用初应变法。

8.4.2 增量法

增量法就是将全荷载分为若干级增量逐级施加，对于每一级增量，在计算时假定材料性质不变，作线性有限元计算，求出位移、应变和应力的增量，累加起来就是所求解答。该方法实际上是用分段直线来逼近曲线。当荷载划分较小时，能收敛于真实解。由于荷载逐级施加，故该法可用于模拟施工加载过程，施工各阶段的变形和应力情况均能清楚解得。可见它比迭代法更优越，因而应用较广。增量法根据解法的不同又可分为如下几种：基本增量法、中点增量法和增量迭代法。

1. 基本增量法

基本思想：对每级增量荷载，用其初始应力（应变）状态所对应的弹性常数进行计算，即以前级荷载终了时的应力状态从曲线关系上求切线弹性常数 E_t、μ_t，用于本级计算（图 8-6）。

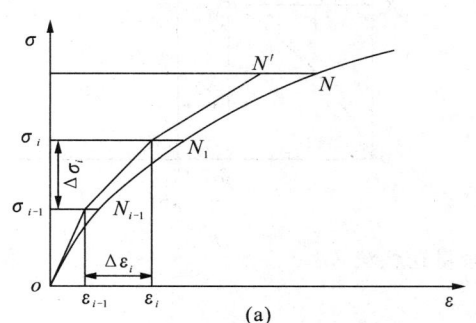
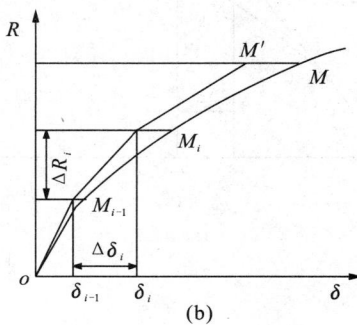

图 8-6 基本增量法

2. 中点增量法

基本增量法由于用初始应力求 $[D]$，每级荷载都有一定的误差，累计起来应力应变解答与实际曲线偏离较大。事实上，对于某一级荷载，应力从初始状态变化到终了状态，弹性常数也是变化的，设想用该级荷载下的平均应力所对应的 $[D]$ 进行计算，将会使结果得到改善，这便是中点增量法（图 8-7）。

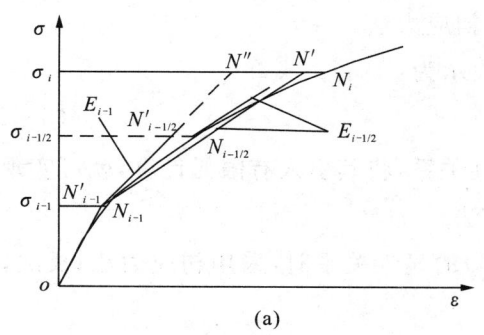
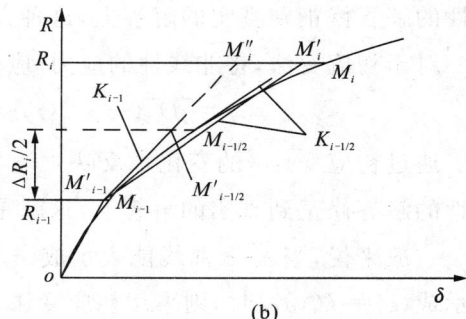

图 8-7 中点增量法

为了求平均应力，要作一次试算，有两种试算的方法。

(1) 将该级全部荷载增量施加于结构，求出该级终了状态的应力，将其与初始应力平均。

(2) 只施加 1/2 的荷载增量，求出的应力便是平均应力。

得到该级的平均应力后，再求其所对应的 $[D]$，对该级荷载重新计算一次，作为该级的解答。

3. 增量迭代法

中点增量法较基本增量法有一定改进,但并不能保证解答与实际曲线没有误差。尤其是当应力状态接近破坏时,本来未破坏的单元,会因计算误差而算出破坏的结果,使问题失真。

对每一级荷载增量,用迭代法多次计算,使其收敛于真实解,再加下一级荷载。这便是增量迭代法。它是增量法与迭代法的混合,故又称作混合法。在增量法和迭代法中,增量法能追踪结构的变形历史,但是其致命的缺点是极易漂移。而迭代法计算方便,能保证收敛到精确解,但其无法跟踪结构的变形过程。混合法则综合了迭代法和增量法的优点,在某种程度上克服了它们各自的缺点。当然,采用该法计算量更大,但计算精度提高了,而且可以判断每一荷载增量终止时解的近似程度。故本书非线性分析采用这种方法。

8.5 有限元分析中一些问题的处理

8.5.1 初始应力状态

非线性计算中,矩阵$[D]$决定于应力状态。对弹性非线性计算,$[D]$中所含弹性常数决定于应力状态,那么计算时首先就要确定加荷初始的应力状态。它主要影响初次加荷的计算,也对以后各级荷载有影响,因为以后各级荷载的应力也是在初始应力的基础上累加起来的。然而实际土体的初始应力状态是无法精确计算的。作为近似的估计,可以采用土体的自重应力,即:

$$\left.\begin{array}{l}\sigma_z = \gamma z \\ \sigma_x = K_0 \gamma z\end{array}\right\} \tag{8-25}$$

式中:z 为单元形心到土体表面的深度;

K_0 为土的静止侧压力系数,可按 $K_0 = \dfrac{\nu}{1-\nu}$ 或 $K_0 = 1 - \sin\varphi'$ 来确定,这里 ν 为弹性泊松比,φ' 为有效内摩擦角;

γ 为土的容重。

8.5.2 边界条件

边界条件包括位移和孔隙压力两种。对于位移边界条件的处理与通常的有限元法完全一致。孔隙压力边界条件有以下几种:

(1)透水边界(图 8-8 中 S_1)。孔隙压力是已知的,不须建立连续性方程,将与已知边界节点孔隙压力有关的项求出后移至方程右边即可。

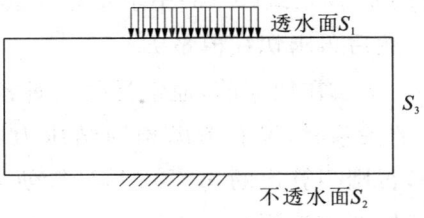

图 8-8 各种边界类型

(2) 不透水边界(图 8-8 中 S_2)。孔隙压力未知,但流量却为零。这类边界节点仍需建立连续方程。

(3) 土层均匀向外延伸而被截取的边界(图 8-8 中 S_3)。孔隙压力理应渐变过渡和用外插法确定边界孔隙压力,但这样会使总系数矩阵不对称,增加计算的复杂性。故仍简单地处理成前两种边界,在截取范围较大时,对主要分析区的影响不大。

8.5.3 土体单元应力历史的考虑

由于本书采用弹性非线性计算模型,它只能反映非线性的主要方面,即应力状态对非线性的影响,而对受压历史、应力破坏等不能直接反映,应补充如下处理。

1. 应力($\sigma_1-\sigma_3$)历史的考虑

Duncan-Zhang 已指出,在卸荷或再加荷阶段,土体接近于弹性,此时应采用退荷再加荷的弹性模量 E_{ur}。退荷再加荷是对偏应力($\sigma_1-\sigma_3$)而言的。如果某单元计算出的偏应力小于该处历史上曾经受过的偏应力,则认为处于退荷再加荷,弹性模量改用 E_{ur}。而且对于整个结构来说,也许在不断加荷,但结构中某些单元却有可能处于退荷,因此,程序中要对每个单元进行判别,确认是否处于退荷或再加荷状态。而 μ 对计算的影响没有 E 显著,可不考虑退荷的差别,仍按加荷处理。

2. 固结压力 σ_3 作用历史的考虑

Janbu 研究了初始切线弹性模量 E_i 和固结压力 σ_3 的关系(图 8-9)。

图 8-9 中 σ_{3c} 为预固结压力,当 $\sigma_3 > \sigma_{3c}$ 时,它们之间的关系如式(8-8)所示,但当固结压力 σ_3 小于预固结压力 σ_{3c} 时,曲线接近水平,即 E_i 值和 σ_{3c} 时的 E_i 值近似于相等(图 8-9)。

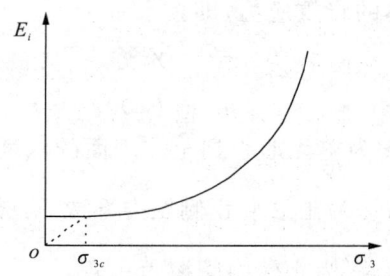

图 8-9 弹性模量-固结压力关系

因此在计算中作如下处理:当某一单元的 σ_3 小于其历史上曾经受到过的固结压力 σ_{3c} 时,则认为该单元处于回弹或再受压状态,此时用 σ_{3c} 代入式(8-8)中求初始切线弹性模量 E_i,然后再求切线模量 E_t。

土层在加荷前,通常受过某种预固结压力。Duncan 引用 Janbu 的关系来表示 E_i 与 σ_3 的关系时,没有考虑预固结压力的影响。但实际计算中考虑这种预固结压力是必要的,否则当算出的 $\sigma_3 \leqslant 0$ 时,计算便无法进行下去。当土体出现拉应力但又未超过抗拉强度时,若直接用小于 0 的 σ_3 代入式(8-8),则 E_i 可能为虚数。只有考虑该处土体曾处于受压状态,用历史上曾受过的最大固结应力 σ_{3c} 代入式(8-8),才能算出正确的 E_i。

8.5.4 迭代收敛问题

与线弹性模型不同,非线性问题的增量迭代法中,每一步迭代后要采用一定的收敛准则以检查某级荷载下其结果是否已收敛,求解精度是否已达到要求。实际应用中常用的收敛准则有 3 种:位移收敛准则、不平衡力(残余力)收敛准则和能量收敛准则。一般来说,不平衡力(残余力)收敛准则优于位移收敛准则。对于一般结构分析,采用不平衡力收敛准则已经足够。因此,本书也采用不平衡力收敛准则。其收敛准则为:

$$\|R_i^n\|_2 \leqslant a_F \|P_i^n\|_2$$

式中:$\|R_i^n\|_2$ 为第 i 次迭代后残余力的 Euclid 范数;

$\|P_i^n\|_2$ 为第 i 次迭代总外荷的 Euclid 范数;

a_F 为不平衡收敛允许值,计算时取 0.01。

8.6 有限元程序的编制及验证

1. 程序特点及功能

根据 Biot 固结有限元原理,应用 Fortran 语言编制了考虑地基土体 Biot 固结的三维非线性有限元程序 ZBP,在 Visual-Fortran 可视化编译环境下调试通过。为了使程序便于阅读和进一步的扩充,该计算程序采用了模块化结构设计方案,整个程序由一个主程序块和多个子程序块组成。该程序包括土体单元、排水板单元。土体单元采用空间八结点等参单元,排水板单元采用线单元。土体的本构模型采用 Duncan-Chang 非线性模型,可考虑土的应力-应变的非线性特征。该程序可计算软土路基各个点在任意时刻的位移 u、v 值和孔隙水压力 u_w 值,渗透系数可随时间变化,能模拟各种施工加载情况。

2. 程序结构框图

根据 Biot 固结有限元原理编制的软土路基沉降非线性有限元程序 ZBP,其程序结构框图见图 8-10。

3. 程序的验证

为了验证程序的正确性,本书用典型一维固结问题进行验证(图 8-11)。对于一维固结问题,Terzaghi 固结方程与 Biot 固结方程完全相同,两种理论都是精确的,所以本书将用程序计算出的结果与 Terzaghi 一维固结理论计算的解析解进行比较。对于材料非线性问题,ZBP 程序的数值解与殷宗泽二维程序的数值解进行比较。

算例一 计算条件及网格时段划分:$\mu=0.301$,$E=3\text{MPa}$,$k_v=10^{-6}\text{cm/s}$,$H=10\text{m}$,$r=20\text{kN/m}^3$,$q_0=100\text{kPa}$,$t_0=70\text{d}$。x 向和 y 向各一个单元,z 向划分 7 个单元(图 8-11)。总单元数为 7,总结点数为 32。

边界条件为:左右面 x 向固定,z 向自由,不透水;上面 x、y 向固定,z 向自由,透水;

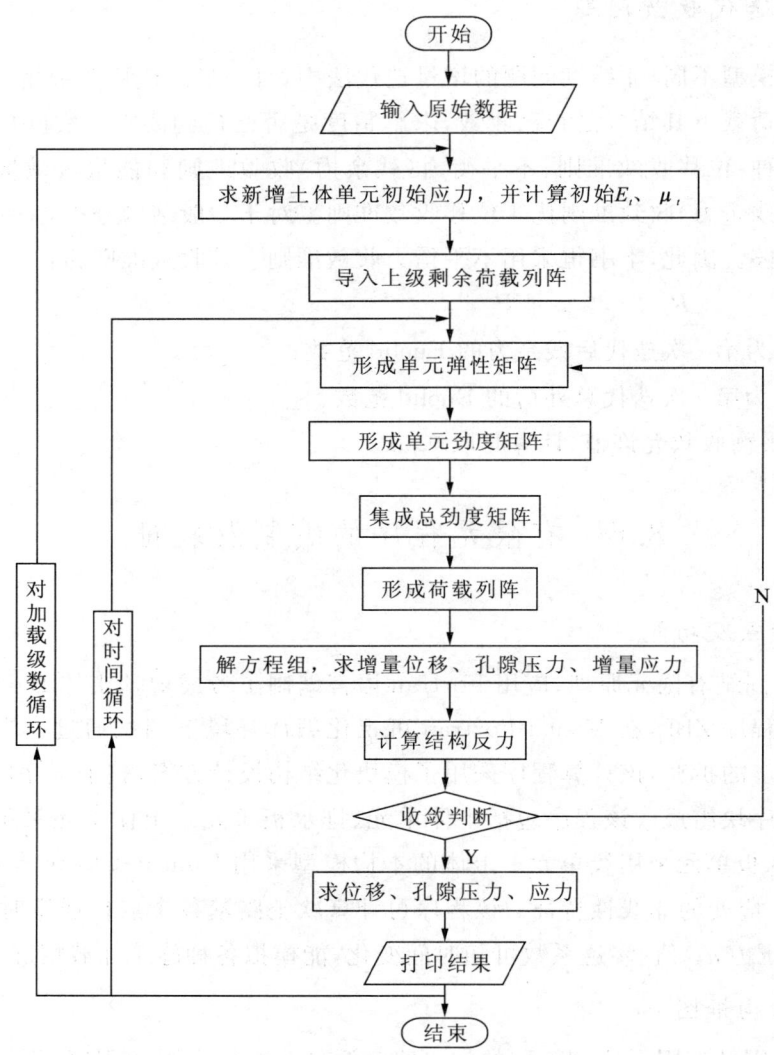

图 8-10 ZBP 程序框图

下面 x、y、z 向均固定且不透水。

$$E_s = \frac{E(1-\mu)}{(1+\mu)(1-2\mu)} = \frac{3\times(1-0.301)}{(1+0.301)\times(1-2\times0.301)} = 4.05(\text{MPa})$$

$$c_v = \frac{k_v E_s}{\gamma_w} = \frac{10^{-6}\times 4.05\times 1000}{9.81\times 10^{-2}} = 4.13\times 10^{-2}(\text{cm}^2/\text{s})$$

$$T_v = \frac{c_v t}{H^2} \tag{8-26}$$

$$\Delta t = \left(\frac{1}{4}\sim 1\right)\frac{\Delta H^2}{c_v} \tag{8-27}$$

式中：ΔH 为透水面附近渗流方向（即 z 方向）上的单元尺寸平均值。

第八章 软土路基沉降Biot固结有限元分析

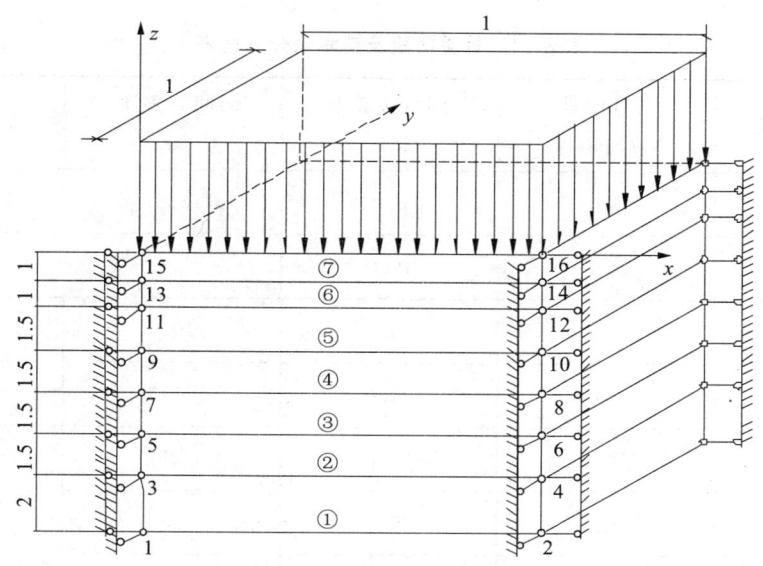

图 8-11 典型一维固结问题有限元网格划分图

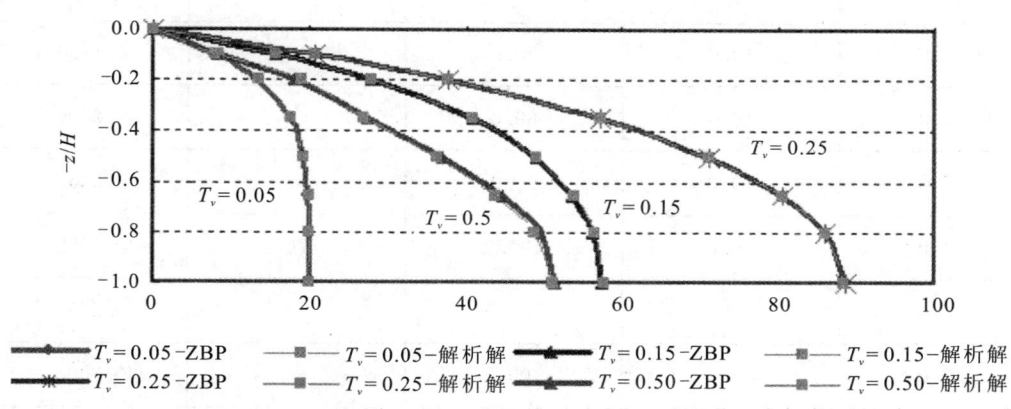

图 8-12 ZBP 程序数值解和解析解孔压计算结果比较

由式(8-26)可以计算出每个时段末的时间因子。由式(8-27)可以估算出计算时段。考虑加荷历时 70 天，间歇期 70 天。

由表 8-1 中 $t=14d$、$42d$、$70d$、$140d$(相应于 $T_v=0.05$、0.15、0.25、0.50)时的 ZBP 程序计算所得的孔压，与文献提供的解析解的比较，作图 8-12，可见两者十分吻合，说明三维 Biot 固结程序 ZBP 用于求解一维固结问题的正确性。

从图 8-13 中可以看出，由 ZBP 程序计算的 15 处结点的沉降值和文献提供的解析解数值非常接近，只是差了一个符号，这是因为文献的 z 轴以向下为正，而本书 z 轴以向上为正，也可以进一步说明三维 Biot 固结程序 ZBP 用于求解一维固结问题的正确性。

表 8-1 计算时段及荷载划分一览表

时间增量(d)	荷载增量 (kPa)	总荷载(累计) (kPa)	时间 t(累计) (d)	$T_v = \dfrac{c_v t}{H^2}$
3.5	5.0	5.0	3.5	0.0125
3.5	5.0	10.0	7.0	0.0250
3.5	5.0	15.0	10.5	0.0375
3.5	5.0	20.0	14	0.0500
7.0	10.0	30.0	21	0.0750
7.0	10.0	40.0	28	0.1000
7.0	10.0	50.0	35	0.1250
7.0	10.0	60.0	42	0.1500
7.0	10.0	70.0	49	0.1750
7.0	10.0	80.0	56	0.2000
7.0	10.0	90.0	63	0.2250
7.0	10.0	100.0	70	0.2500
7.0	0	100.0	77	0.2750
7.0	0	100.0	84	0.3000
7.0	0	100.0	91	0.3250
7.0	0	100.0	98	0.3500
7.0	0	100.0	105	0.3750
7.0	0	100.0	112	0.4000
14	0	100.0	126	0.4500
14	0	100.0	140	0.5000

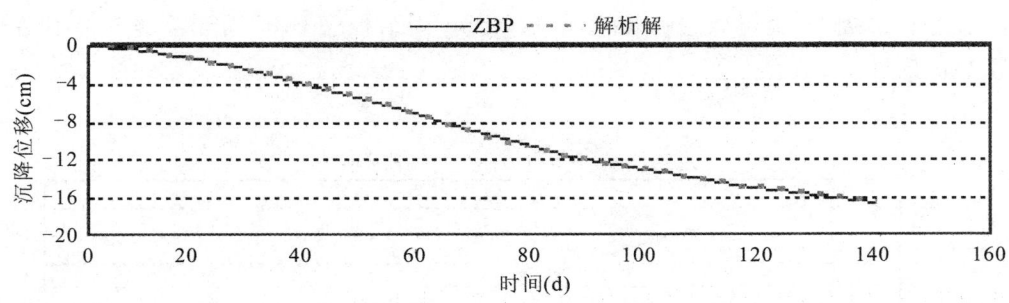

图 8-13　ZBP 程序和解析解沉降计算结果比较

算例二

计算模型同算例一,总单元数为 7,总结点数为 32,将材料参数改为非线性材料,采用 Duncan 的 $E-\mu$ 模型,参数见表 8-2。

图 8-14 为 $t=14d$、$42d$、$70d$、$140d$(相应于 $T_v=0.05$、0.15、0.25、0.50)时的三维 ZBP 程序计算所得的孔压与二维殷宗泽程序的数值解的比较。从图 8-14 中可见,三维 ZBP 程序计算所得的孔压值较二维殷宗泽程序的数值解小,可以说明三维 Biot 固结程序 ZBP 用于求解一维固结非线性问题的正确性。

表 8-2　材料参数表

1	2	3	4	5	6	7	8	9	10	11	12	13
γ	φ	C	R_f	K	n	G	F	D	K_{ur}	K_h	A	B
1.00	30	5.6	0.88	400	0.76	0.30	0.05	3.8	700	8.64×10^{-4}	0	0
1.82	14	1.0	0.95	355	0.59	0.47	0.23	2.06	655	8.64×10^{-4}	0	0

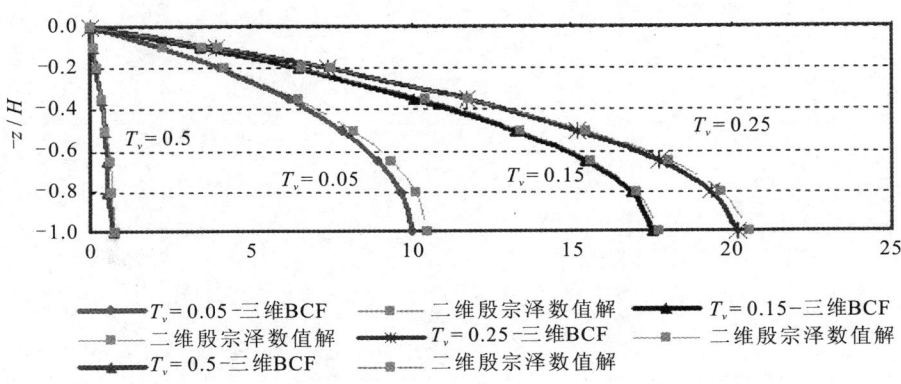

图 8-14　三维 BCF 程序与二维殷宗泽程序孔压计算结果比较

从图 8-15 中可以看出,由三维 ZBP 程序计算的 15 处结点的沉降值和二维殷宗泽程序的数值解非常接近,也可以进一步说明三维 Biot 固结程序 BCF 用于求解一维固结非线性问题的正确性。

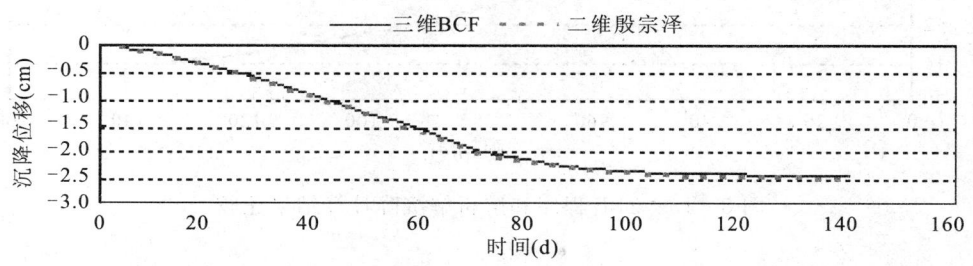

图 8-15　三维 BCF 程序和二维殷宗泽程序沉降计算结果比较

第九章 遗传算法在多层软土固结位移反演中的应用

反求地基参数是岩土工程数值模拟的重要课题,也是难题。反求参数问题又叫反演问题,主要的方法有逐个修正法、单纯形法等优化方法和神经网络法、遗传算法等非线性方法,这些方法有的虽然简单但效率不高,有的算法精巧新颖却比较繁琐,而且几乎所有算法都没有在缩短反算参数时间上取得根本性的突破。因此,解决反演问题仍然是一项耗时耗力的工作。

由于软土对勘探仪器的扰动具有很大的敏感性,土工试验的土样在物理特性上与原地基土存在较大的差异,直接用土工试验所获得的参数输入到数值模型得到的计算结果可能显著偏离实际,因此,通过数值模型反演来取得原状地基的参数估计值是一种合理而必要的选择。

对于多层软土地基的变形,各软土层的变形大小和发展的快慢主要受该层软土的物理力学性质影响,固结变形发展的快慢与孔压的消散有关,也就是与软土层的渗透性相关;另外,各测点的沉降主要由下部软土层的变形引起,受上部软土层的影响相对较小,如果采用参数分层分部的反演方法,一是计算次数显著增多;二是要求提供反演的观测信息必须包含反演参数各相关软土层的独立观测资料,对现场监测有较高的要求;三是该做法只是将各土层参数相互独立起来,来近似模拟地基土体的分层异性,这样可能会带来误差,因为各软土层的变形和孔压并非完全由该层软土的工程性质和计算参数所决定的,即各个软土层之间存在交叉影响。

本书的遗传算法包含多个参数的并行性分析,而且目前计算机的性能得到了很大的改善及发展,采用控制染色体编码长度的方法可以自由增减参数的演算个数和精度,在每条染色体的参数之间隐含地考虑了参数之间的耦合性。

9.1 优化计算模型

1. 设计变量的选取

设计变量的选取原则是应该选取那些对目标函数值影响大的,而且是一般设计者不易掌握的设计参数,作为优化设计过程中的设计变量,而将另一些设计者凭经验就可以解决或根据规范、地质条件和其他要求就能确定的参数作为参量,预先固定下来,其基本思想是突出事物的主要矛盾,简化优化过程。

Duncan-Chang 模型除了用到土体凝聚力 C 和内摩擦角 φ 以外,还需要使用以下由试验确定的参数:K、K_{ur}、n、R_f、G、F、D、K_h。由于土是一种较为复杂的材料,如果将模型中的所有参数均作为待反演参数,则反演参数过多,将会导致反演工作量过大,且无法保证反演结果收敛到正确值,加之有些参数的确定相对来说比较容易。故本书将通过自编的基于遗传算法的 Biot 固结计算优化非线性反演程序 ZGA,利用现场的位移实测值,反演 Duncan-Chang 模型的部分参数。考虑到 n、R_f、G、F、D 相对稳定,对计算结果影响较小,将它们设为定值,而把 C、φ、K、K_h 列为反演变量,同时令 $K_{ur}=2.0K$。

2. 目标函数的建立

根据位移实测值与相应计算值的相对误差和绝对误差,采用最小二乘法建立不同的目标函数 J,并使其达到最小,即:

$$J = \sqrt{\sum_{i=1}^{m}\left[\frac{F(X_i)-F^*(X_i)}{F^*(X_i)}\right]^2} \rightarrow \min (相对误差) \quad (9-1)$$

$$J = \sqrt{\sum_{i=1}^{m}\left[F(X_i)-F^*(X_i)\right]^2} \rightarrow \min (绝对误差) \quad (9-2)$$

式中:m 为观测值总数;

$F^*(X_i)$ 为第 i 个位移实测值;

$F(X_i)$ 为相应的分析计算值。

其中 $X_i = [K、K_{ur}、C、\varphi、K_h]$,$J$ 值越小,表明可行解的性能越好。

对地基沉降问题而言,宜采用式(9-2),不宜采用式(9-1)。因为地基沉降随路堤加载历时逐渐增大,采用相对误差时,相同的观测值与计算值的差值在加载初期对目标函数的贡献大,而后期的贡献小,导致优化后的计算结果在初期与观测值拟合较好,而在后期拟合较差。并且,在实际的沉降、孔压等观测信息中,初期的观测值规律性差,故反演所得参数不利于对后期沉降进行预测。采用绝对误差时,结论与之相反。因此,对地基沉降问题,宜采用绝对误差建立目标函数,即式(9-2)。

3. 约束条件

为防止出现参数取值不合理现象,以及规定参数的精度控制在所需要的范围内,应该规定参数的上下限制,并指定参数的精度要求,称之为约束条件。

上述问题约束条件可写成如下:

$$\begin{aligned} K_l &\leqslant K \leqslant K_u \\ K_{url} &\leqslant K_{ur} \leqslant K_{uru} \\ C_l &\leqslant C \leqslant C_u \\ \varphi_l &\leqslant \varphi \leqslant \varphi_u \\ K_{hl} &\leqslant K_h \leqslant K_{hu} \end{aligned} \quad (9-3)$$

式中：K_l、K_{url}、C_l、φ_l、K_{hl} 分别为弹性模量、回弹模量、凝聚力、内摩擦角和渗透系数的最小值；

K_u、K_{uru}、C_u、φ_u、K_{hu} 分别为弹性模量、回弹模量、凝聚力、内摩擦角和渗透系数的最大值。

对于它们的取值范围，还要视土的类别、性质而定。本书确定的各土质约束值如表 9-1 所示。

表 9-1　土体参数约束值

参　数	C (kPa)	φ (°)	K	K_{ur}	K_h (m³/d)
最小值	5	2	10	20	1.3×10^{-6}
最大值	40	30	200	900	1.3×10^{-3}
小数位	1	1	1	1	8

9.2　优化反演分析遗传算法的实现

1. 染色体的编码及初始种群的确定

在满足设计变量约束的条件下，随机、均匀地选择 n 个初始解 $X_i = [K、K_{ur}、C、\varphi、K_h]$ 称为基因，染色体的编码以各个设计变量的取值进行二进制排列作为编码，比如 $K = [10, 200]$，$K_{ur} = [20, 900]$，$C = [5, 40]$，$\varphi = [2, 30]$，$K_h = [0.000\,001\,3, 0.001\,3]$。

由于　　$(200 - 10) \times 10 = 1900, 2^{10} < 1900 < 2^{11}$　　　　$l_1 = 11$

$(900 - 20) \times 10 = 8800, 2^{13} < 8800 < 2^{14}$　　　　$l_2 = 14$

$(40 - 5) \times 10 = 350, 2^8 < 350 < 2^9$　　　　$l_3 = 9$

$(30 - 2) \times 10 = 280, 2^8 < 280 < 2^9$　　　　$l_4 = 9$

$(0.0013 - 0.000\,001\,3) \times 10^8 = 129\,870, 2^{16} < 129\,870 < 2^{17}$　$l_5 = 17$

总共反演算 3 层土的参数，因此染色体的总长 $l = 60 \times 3 = 180$ 位，同时应记住按基因顺序对应的染色体点的起始点和结束点，即记录基因到染色体点的映射关系。初始种群采用对染色体总长循环，随机产生 [0,1] 随机码，当该随机码小于 0.5 则该染色体的点编码为 0，大于 0.5 则该染色体的点编码为 1，由上述分析可以随机产生一条染色体，对种群规模数循环即可产生相应规模的初始种群，一般种群规模数目选 10～50 个。例如：

$V_1 = $ [010001101001100100101010010011010100011010011001001010101010011001001010100100110101000110100110010010101010000100110100110010010101001001101010001101001100100101010010]

　………

$$V_{10} = [0100011010011001001010100100110101000110100110010010101010100110010010101001001101010001101001101001000100100101011001001010100100110011001001010100100011010010100011011001]$$

2. 染色体的解码及适应度函数的确定

种群对应的染色体解码的方法是依次从左到右,按每个基因到染色体点的映射关系,按每个基因个体的染色体长度化为相应的十进制数 K_d、K_{urd}、C_d、φ_d、K_{hd}。解码方式结果如下:

$$K = 10 + K_d \frac{200-10}{2^{11}-1}$$

$$K_{ur} = 20 + K_{urd} \frac{900-20}{2^{14}-1}$$

$$C = 5 + C_d \frac{40-5}{2^9-1} \quad (9-4)$$

$$\varphi = 2 + \varphi_d \frac{30-2}{2^9-1}$$

$$K_h = 0.0000013 + K_{hd} \frac{0.0013 - 0.0000013}{2^{17}-1}$$

该解码的过程同时保证了计算参数在参数约束上下限的范围之内。在选定初始母体群后,轮流使染色体 $(i = 1 \sim n)$ 解码后对应参数进入计算模型,计算实际监测点对应的模型中点的位移孔压等数据,和实际数据对比进行目标函数 $\phi(i)$ 的运算,计算该染色体适应度值。由于是求最小值问题,这里适应度函数 $\text{fitness}(i)$ 表示如下:

$$\text{fitness}(i) = \frac{1}{\phi(i)} \quad (9-5)$$

$\text{fitness}(i)$ 为适应度函数,显然 $\text{fitness}(i)$ 的值越大,该母体越优。

3. 选择和复制的操作

将染色体 X_i 所适应值中较小的个体淘汰掉,首先计算每条染色体的选择概率 $p(i) = \dfrac{\text{fitness}(i)}{\sum\limits_{i=1}^{n}\text{fitness}(i)}$,当 $p(i)$ 越大,被选中的概率就越大,再对染色体计算累积概率 $q(i) = \sum\limits_{i=1}^{n} p(i)$,然后在 $[0,1]$ 区间产生一个均匀分布的随机数 R,根据 R 与 $q(i)$ 的大小选择染色体,如果 $R \leqslant q(1)$ 则选择第一条染色体,如果 $q(i-1) \leqslant R \leqslant q(i)$ 则选择第 i 条染色体,重复上面的过程,从而形成新的种群。

4. 交叉和变异操作

交叉操作是以一定的交叉概率 p_c(一般取 $0.7 \sim 0.75$)两两配对,具体规则如下。
(1)在相互配对的两个个体编码串中随机设置一个交叉点。
(2)交换两个个体在所设定的交叉点前后的部分基因值。

如下面例子：

$$\begin{cases} A:xx \quad xxxx \\ B:yy \quad yyyyy \end{cases} \longrightarrow \begin{cases} A':xx \quad yyyyy \\ B':yy \quad xxxxx \end{cases}$$

　　　　交叉点

变异操作是采用一定的变异概率 p_m，一般取 $0.001 \sim 0.2$，具体规则如下。

(1)对个体的每一个基因位，以变异概率 p_m 指定变异点。

(2)对每一个指定的变异点，对其基因值做取反运算，从而产生一个新的个体。

如下面例子：

　　A: 1 0 1 0　1 → 0 1 0 1 0　　　A': 1 0 1 0　0　0 1 0 1 0

　　　　变异点

5. 收敛判别

由于遗传算法没有利用目标函数的梯度等信息，所以在进化过程中无法确定个体在解空间的位置，从而无法用传统的方法来判定算法的收敛与否以终止算法。常用的办法如下。

(1)预先规定一个最大的进化代数 t_{max}，当 $t \leqslant t_{max}$ 时，即终止算法。

(2)在连续多少代以后，解的适应值没有明显改善时，即终止算法。

本书把以上两种方法进行结合。以种群中最大适应度 F_{max} 与平均适应度 $\overline{F}$ 之差小于收敛精度 ε 作为收敛判据，并以允许最大迭代次数 T 作为辅助判据，即 $|F_{max} - \overline{F}| < \varepsilon$ 或 $t > T$。

9.3　软土固结位移反分析程序 ZGA

1. 程序主要功能

据上述思路，采用与非线性有限元程序 ZBP 相结合的方法，利用 Fortran 语言编制了基于遗传算法的软土固结位移反分析程序 ZGA。在 Visual-Fortran 可视化编译环境下调试通过。该程序具有如下几个功能。

(1)克服了传统优化方法的单个变量逐渐优化的缺点，能同时产生一组需要优化的变量，由于 ZGA 程序在 Visual-Fortran 的可视化环境下编译，操作平台是 Windows XP，在二进制编码上克服了位上的限制，所以可以优化多变量的问题。

(2)既具有普通遗传算法计算方法，又可以使用改进的遗传算法计算方法。

(3)能逐级反演施工过程及土体参数。

2. 程序流程

根据遗传算法原理，编制的基于遗传算法的软土固结位移反分析程序 ZGA，其程序的流程图见图 9-1。

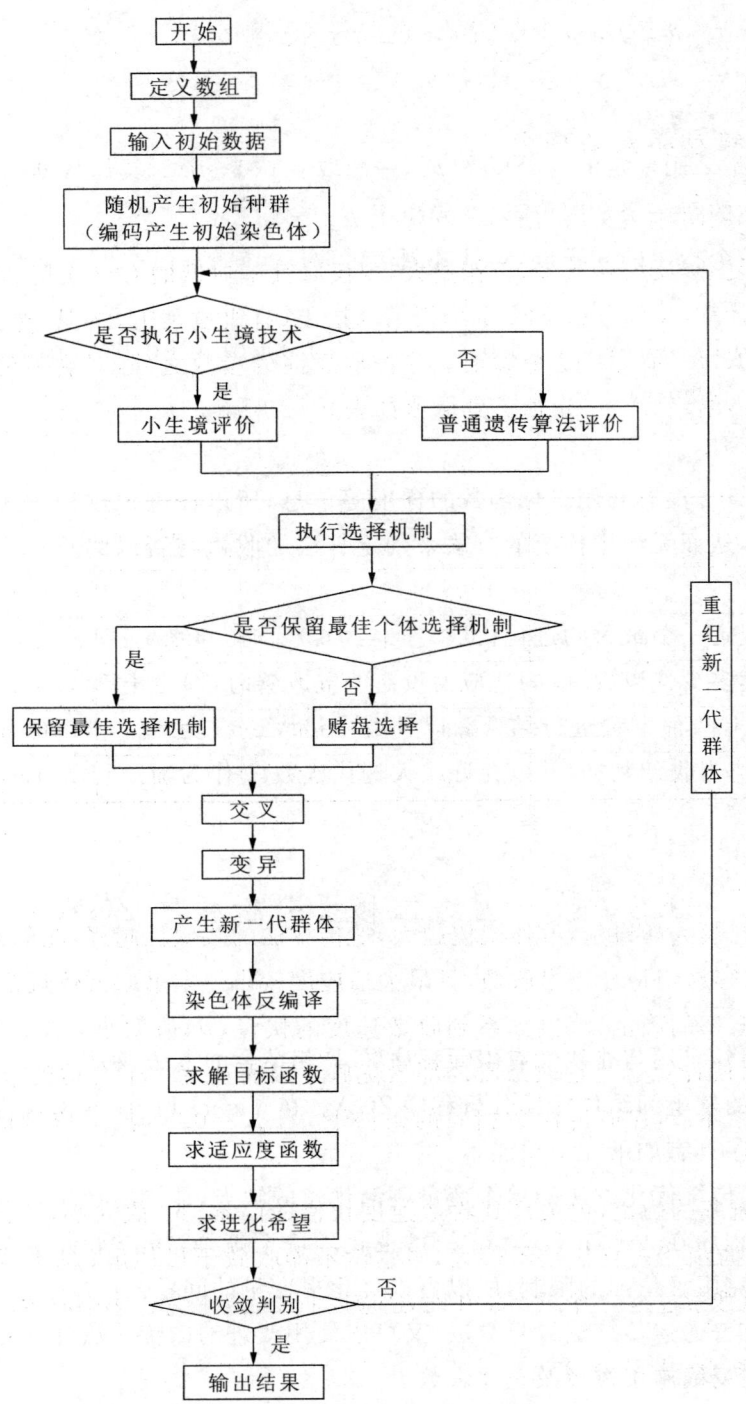

图 9-1 ZGA 程序流程结构图

9.4 工程实例

9.4.1 程序参数的确定

1. 土体参数的确定

由于地层复杂,反演参数多,工作量大,现仅取其中典型的 C22 沉降板实际监测资料进行反演分析计算,反演分析 C22 沉降板下 3 层土(有机质黏土、淤泥、含黏性土中沙)各 4 个参数 C、φ、K、K_h 值,共 12 个参数。除去要反演的参数之外,对剩下的 n、R_f、F、G、D 和土体容重 γ 需给定为某一定值。其取值如表 9-2 所示。

表 9-2 土体参数表

参数 土类	γ	R_f	n	G	F	D
填土	2.04	0.8	0.4	0.35	0.01	1.0
砂垫层	1.70	0.6	0.8	0.24	0.002	2.7
有机质黏土	1.66	0.8	0.2	0.20	0.05	5.0
淤泥	1.61	0.8	0.4	0.20	0.05	3.0
含黏性土中沙	2.20	0.9	0.5	0.28	0.06	1.0

2. 遗传算法的参数确定

关于群体规模 n 的讨论,群体规模越大,遗传算法的收敛性越好,花的时间越长,但群体规模太小时,容易使计算过早收敛,且最大适应度较小。本书取群体规模数为 10。

关于交叉概率的确定,直接关系到收敛速度的快慢,p_c 值太小,收敛速度将很慢;而 p_c 太大,又容易使计算过早地收敛于局部最优解。因而选定一个合适的 p_c 值,是遗传算法的一个关键性环节,在遗传代数相同的条件下,当 $p_c=0.5$ 时,适应度曲线收敛较好。本书取 $p_c=0.5$。

关于变异概率的确定,也关系到收敛速度快慢的因素,p_m 值太小,群体缺乏多样性,收敛速度慢,有时由于进化代数不够大,根本就不能收敛于最优解;p_m 值太大,遗传算法趋向单纯的随机搜索过程。当 $p_m=0.01$ 时,适应度曲线收敛较好。本书取 $p_m=0.01$。

9.4.2 反演结果分析

由于软土施工前期,频繁的施工对监测数据有一定的影响,实际监测数据也相对不太稳定,在后期的施工间歇期的监测数据相对具有平滑的连续性,而且对于不同的加载以及固结度的发展,土体的实际土体参数有适当的微小变化。本书取比较完整的 38 天施工监测数据反演土体参数,进化曲线见图 9-2,得到反演优化参数和实际勘测报告部分参数对比见表 9-3,位移和孔压的反演结果见图 9-3 和图 9-4。

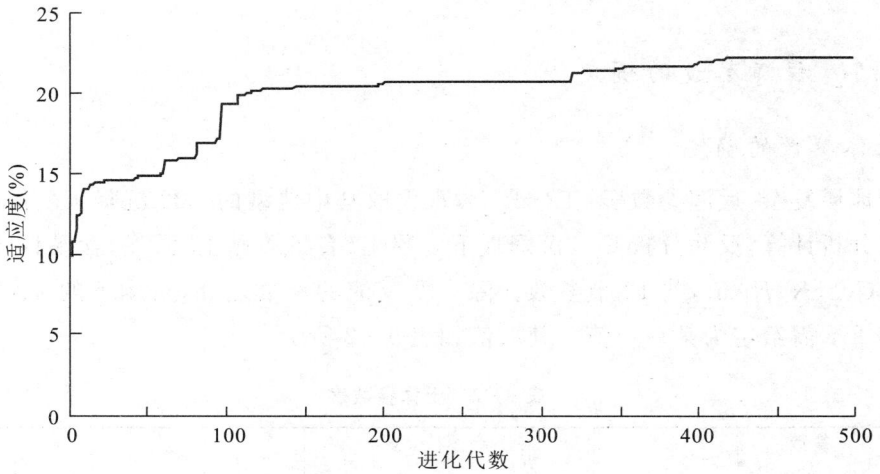

图 9-2　本书遗传算法进化曲线图

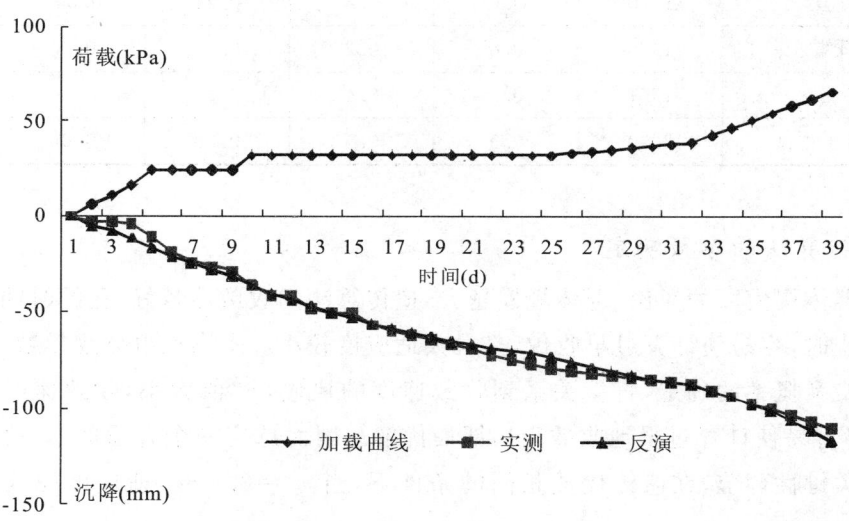

图 9-3　C22 沉降板处沉降对比曲线图

表 9-3　土体参数结果对比

参数 土类型	C (kPa)	φ (°)	K	K_{ur}	K_h (cm/s)	C_q (kPa)	φ_q (°)	K_h (cm/s)
	遗传算法演算施工 38 天后结果					工后半年勘测结果		
有机质黏土	17.3	19.4	36.8	73.6	1.30×10^{-7}	10.5	18.8	
淤　泥	14.9	2.3	21.9	43.8	9.31×10^{-8}	10.1		1.80×10^{-8}
含黏性土中沙	33.9	10.8	199.6	399.2	1.33×10^{-7}	32.2	8.5	

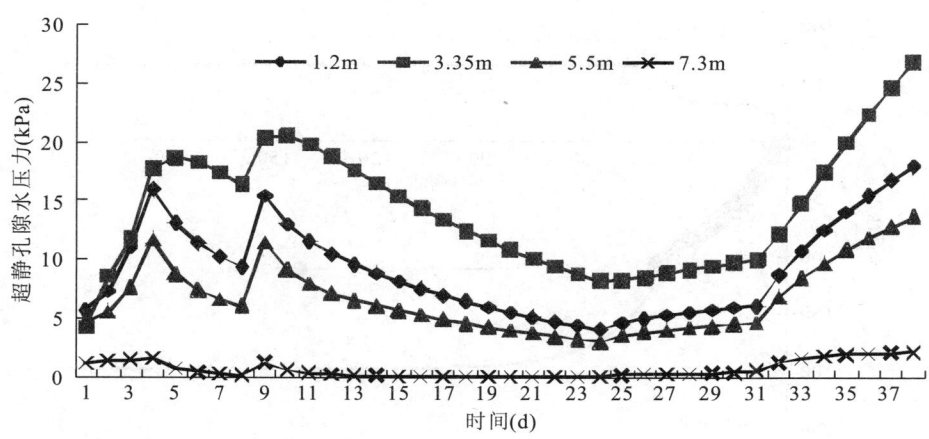

图 9-4 超静孔隙水压力消散过程曲线图

可以看出,对于土体参数而言,遗传算法演算施工 38 天后结果与实际勘测结果各土层特性有类似的变化规律。

C、φ 值相对于勘测结果而言,结果相对偏大,导致该现象的原因是在模型计算中采用的是有效应力强度指标 C'、φ',而勘测结果是采用直剪快剪试验的结果,为总应力强度指标 C_q、φ_q,该方法测得的抗剪强度指标与三轴不排水试验测得的强度指标有较大的差别。勘测报告中直剪快剪实验结果和十字板剪切试验结果对比见表 9-4,可见勘测结果还有待斟酌。

表 9-4 直剪快剪试验结果和十字板剪切试验结果对比

参数 土类型	C_q(kPa)	原状 C_u(kPa)	扰动 C_u(kPa)
有机质黏土	10.5	14.3	5.1
淤泥	10.1	38.1	10.3
含黏性土中沙	32.2	48.5	12.6

9.4.3 位移预测

由遗传算法演算施工 38 天后得出的土体参数结果演算从施工开始到工后半年内的位移发展和孔压变化,沉降板 C22 的位移发展情况见图 9-5,C22 处地表以下 1.2m、3.35m、5.5m、7.3m 的孔隙压力发展情况见图 9-6,模型施工期的整体位移和孔压等值线见图 9-7。模型演算工后 180 天时整体位移孔压等值线见图 9-8。

由图 9-5 可以看出,位移拟合情况良好,工后 90 天沉降趋向平缓,再结合图 9-8,可预测工后 180 天最大沉降在 9.2cm 左右。从图 9-8 中可以看出,排水板区域孔压已经消

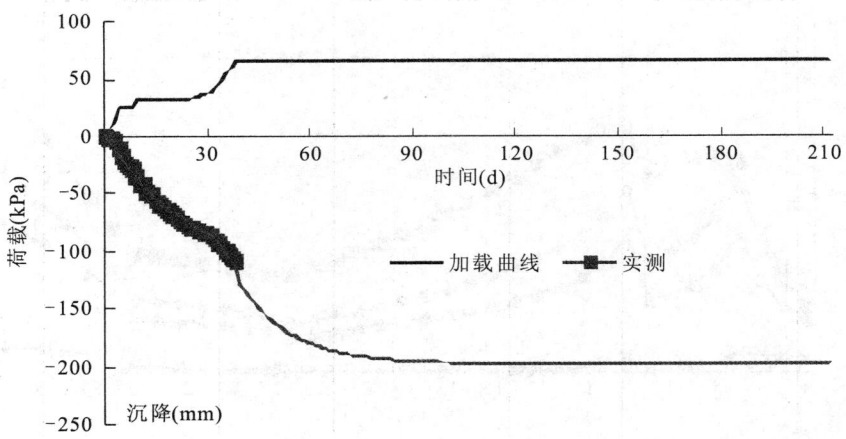

图9-5 C22沉降板拟合推测曲线图

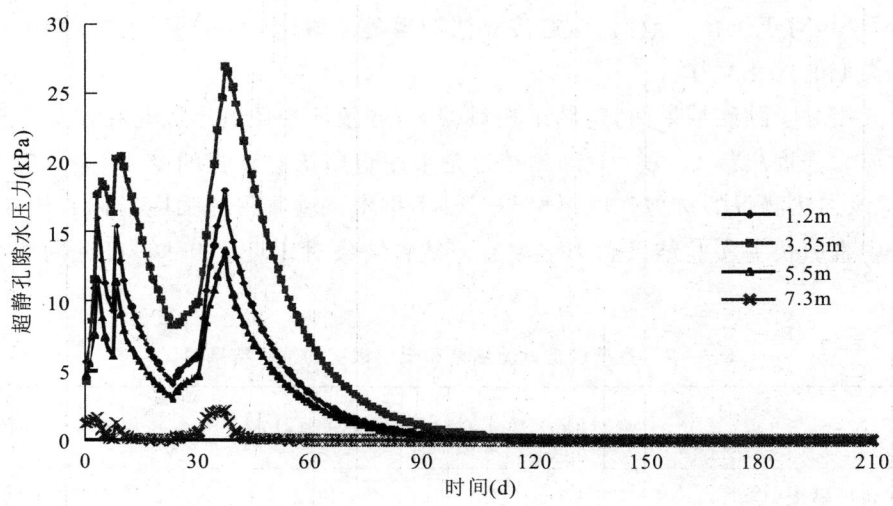

图9-6 超静孔隙水压力消散推测曲线图

散完,所以工后180天的最大沉降即为最终沉降。小于规范要求的10～30cm容许工后沉降标准,位移、孔压曲线也符合施工过程的连续堆载、间歇期的变化规律,可见该软土工程的工程处理方法是合理的,并且是成功的。

从图9-4和图9-6中可以看出,孔压经过15天的施工间歇,孔压有所回落,故最后一层预压土的施工速度可以加大。图9-8中,工后180天有排水板土体的超静孔隙水压力已经消散完,说明土体已经趋向稳定。

从图9-7～图9-10中可以很明显地看出,最大侧向位移均出现在碾压土边缘地带的下方。碾压土下方出现的较大侧向位移处显然也在最后一层预压土坡角的下方。同时可以看出,工后180天的侧向位移比施工加载结束时的侧向位移略小,这与在施工加载结

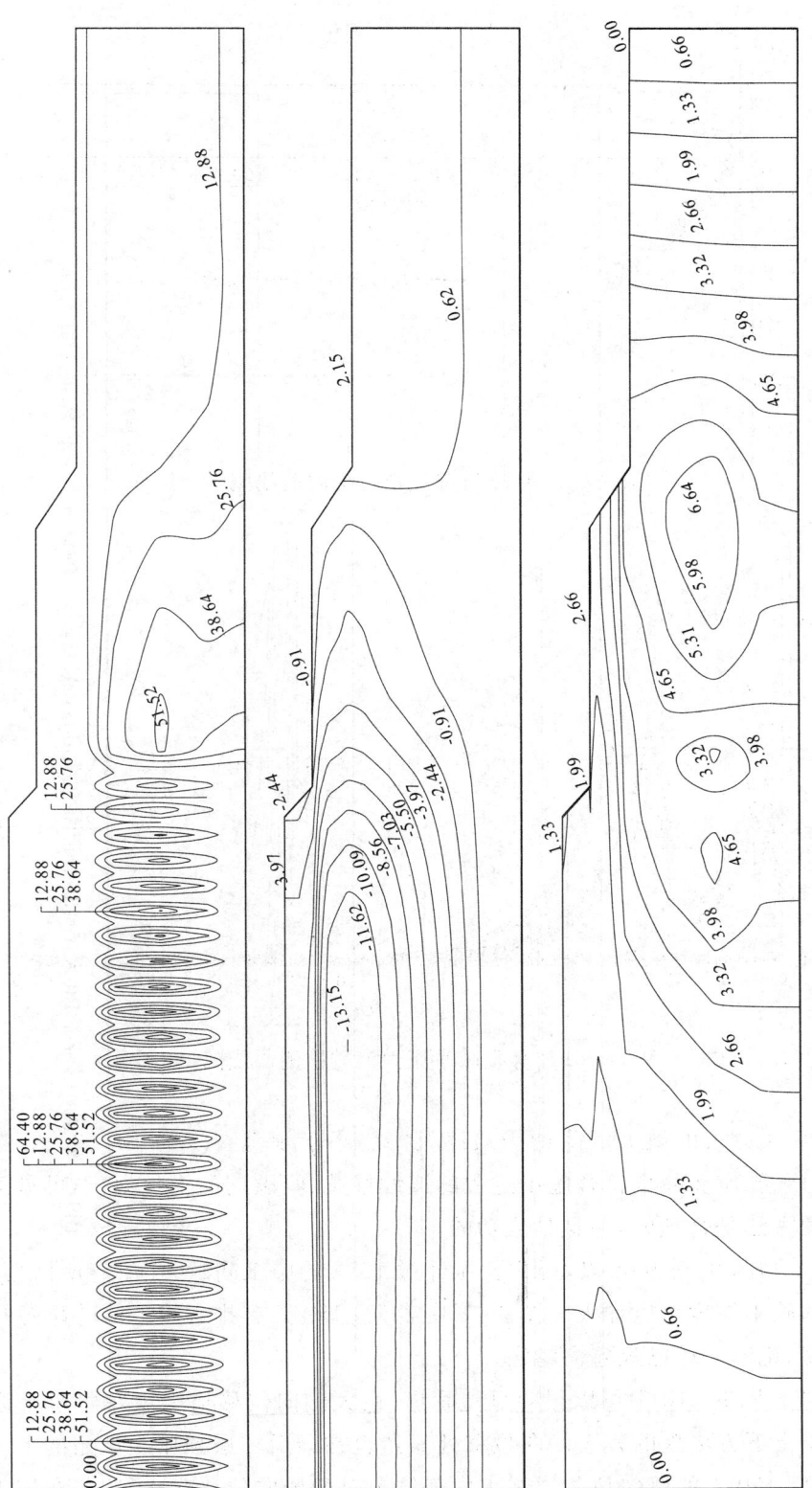

图9-7 模型计算38天 $X=1.039$m断面的孔压(kPa)、竖向位移(m)和侧向位移(m)等值线图

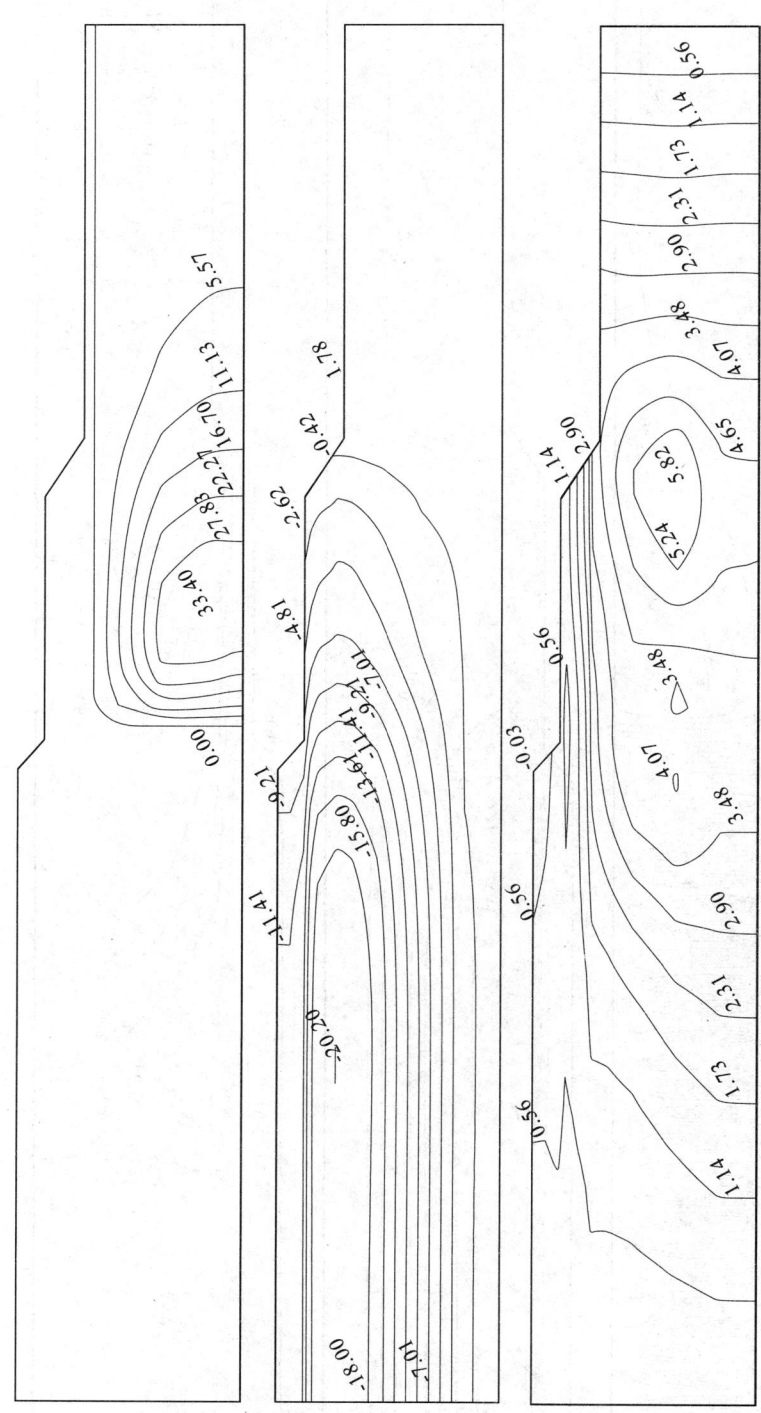

图9-8 模型计算工后180天 $X=1.039m$ 断面的孔压(kPa)、竖向位移(m)和侧向位移(m)等值线图

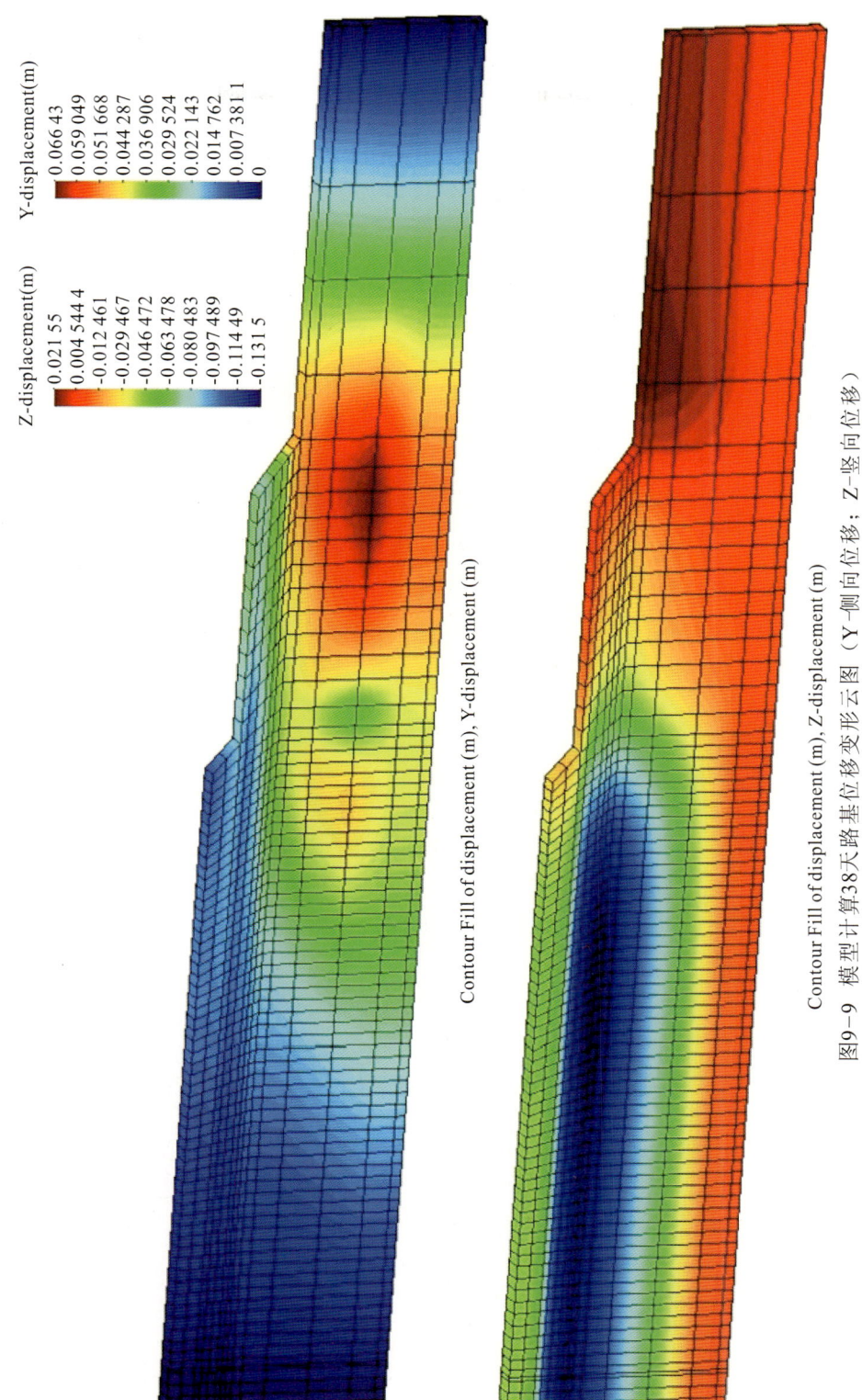

图9-9 模型计算38天路基位移变形云图（Y-侧向位移；Z-竖向位移）

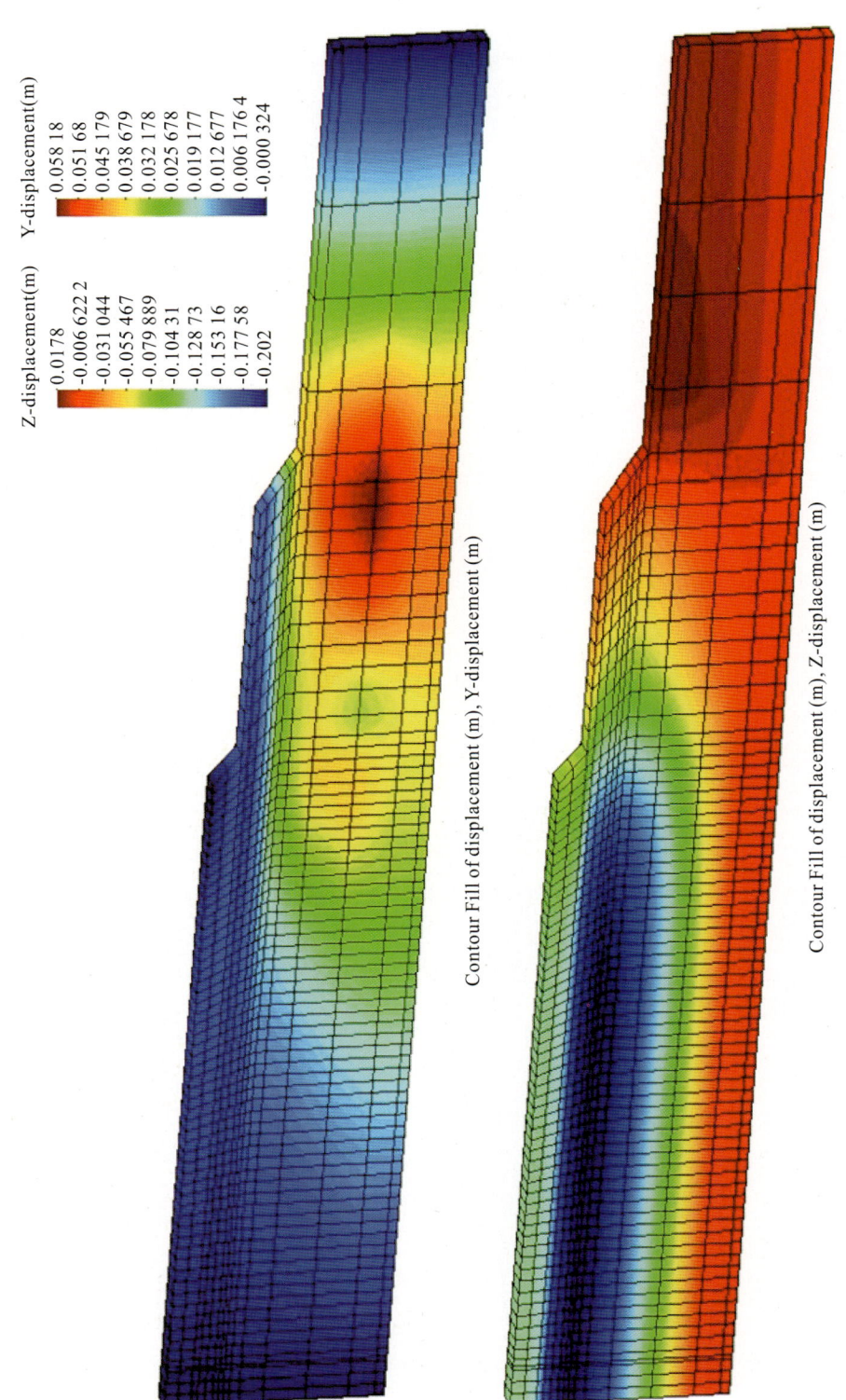

图9-10 模型计算工后180天路基位移变形云图（Y-侧向位移；Z-竖向位移）

第九章 遗传算法在多层软土固结位移反演中的应用

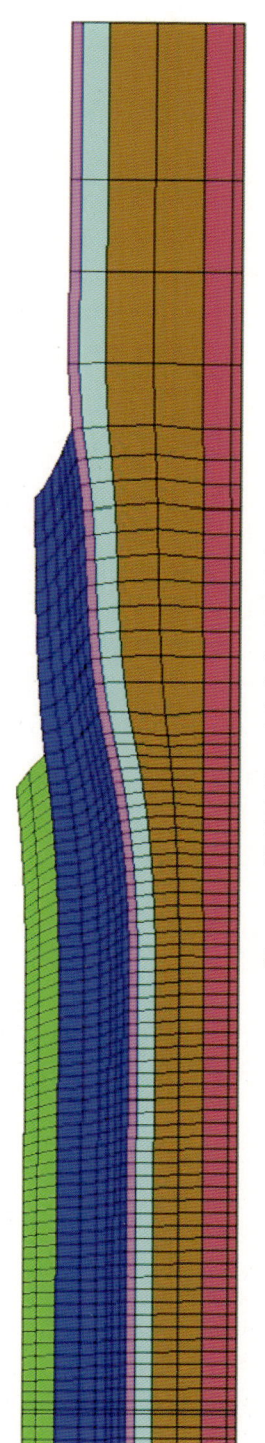

图9-11 模型计算38天路基变形图(放大20倍)

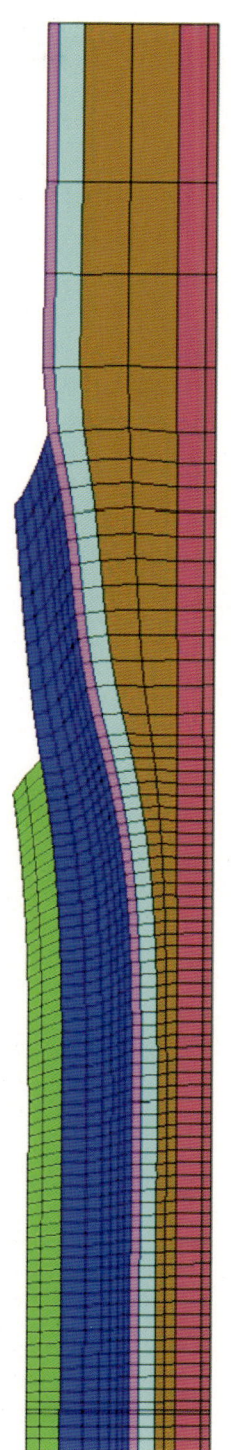

图9-12 模型计算工后180天路基变形图(放大20倍)

束时,侧向位移达到最大值,停载预压期侧向位移略有减小的结论也吻合。从等值线图中还可以看出,在分层施工中土层与土层间的侧向位移有所突变,而且间歇期越长,突变越明显。这主要也是由于采用分层施工模拟造成的。

由于采用分层施工模拟,最大沉降基本发生在模型填筑体 1/2～1/3 高度,堤顶只有少量位移,沉降等值线图和沉降云图分布均匀且符合规律。图 9-11 和图 9-12 为路基变形图,为让变形图更直观,把变形放大了 20 倍。

综上所述,采用本书的遗传算法反演位移历史数据,推测土体的多个重要参数,从而预测土体变形的发展情况,方法可行,而且效果比较理想。

9.5　本章小结

本章在三维非线性 Biot 固结有限元基础上,考虑到能够更为精确地计算路基沉降,建立基于遗传算法的软土路基非线性反演分析方法。并对深圳市宝安区宝安大道南段的工程实例进行了反演预测分析。本章所做的主要工作和结论如下:

(1)选取模型参数 C、φ、K_h、K 为反演变量,并建立了相应的参数反演目标函数。

(2)详细阐述了遗传算法的实现,采用 Fortran 语言编制了遗传算法程序,并结合 Biot 固结非线性有限元程序 ZBP,即为本书的材料参数反演程序 ZGA。利用 ZGA 程序,计算了实际工程实例。并对计算结果进行了详细分析。计算分析结果表明本书所建立的基于遗传算法的软土非线性反演分析方法是可行的,也表明了 ZGA 程序的正确性。

结 束 语

京广高速铁路贯穿中国城市群最密集、生产力最发达、经济增长最强劲、发展最具活力的核心区域，使长海、武汉、广州、郑州等城市形成"同城效应"，助推"长武郑"现代化建设。本书针对该路段的不良地质情况进行了较为详细的分析研究，得出了以下一些主要结论：

（1）本工程段高速铁路采用的是无砟轨道，对工后沉降的要求较高，本设计采用了改良土，从而改善了土的力学性能，使土的稳定性、强度和耐久性等得到了明显的改善和提高。

（2）关于高速铁路建造路面形状为三角形，由路基面中心向两侧设置不小于4%的横向坡以利于路基的排水，防止路基被积水浸泡。

（3）对于软土地基的处理，针对不同的地段分别采用了换填土垫层、深层密实法和排水固结法等，从而降低了含水率，缩小了孔隙比，提高了路基土的抗剪强度，减小了地基土的流变性，提高了地基的承载能力。

（4）本书加固区采用复合模量法，下卧层采用应力扩散法计算得到管桩-桩筏总沉降量107.67mm，通过固结计算得到工期8个月时路基的固结度达到89.3%，工后沉降11.52mm，1年时路基固结度达到93.5%，工后沉降6.998mm，均满足高速铁路无砟轨道要求的≤15mm技术要求。

参考文献

龚晓南.地基处理技术发展与展望[M].北京:中国水利水电出版社,2004.
黄生文.公路工程地基处理手册[M].北京:人民交通出版社,2004.
李亮,魏丽敏.土力学与基础工程[M].长沙:中南大学出版社,2004.
屈晓辉.高速铁路路基设计技术[M].北京:人民交通出版社,2007.
《铁路路基设计规范》(TB10001-2005).
《建筑桩基技术规范》(JGJ94-2008).
《铁路特殊路基设计规范》(TB10035-2002).
《客运专线无碴轨道铁路设计指南》.
《建筑地基处理技术规范》(JGJ79-2012).